2024年版

もしもし検定

電話応対技能検定 1・2級 公式問題集

公益財団法人 日本電信電話ユーザ協会 編

電話応対技能検定
もしもし検定

日本経済新聞出版

はじめに

本書は、「電話応対技能検定（もしもし検定）」１級・２級の試験に対応した過去問題集です。すでに３級・４級に合格されて、さらに上級を目指す皆さんの受検準備に資するよう、実際の試験問題の中から直近のものを掲載しております。

本検定は、2009年１月にスタートし、すでに10万人以上の方々が受検されています。電話のかけ方・受け方・取り次ぎ方といった電話応対の基本を身につけるだけでなく、「人や場面、コミュニケーションツール（メール、SNS、Web会議など）によって、臨機応変に対応すること」、「ビジネスの場におけるコミュニケーション能力を高めること」を目指しています。

2020年以降、コロナ禍の中で、ビジネスコミュニケーションは、非対面のコミュニケーション（メール、SNS、Web会議など）に比重を移してきました。簡易な問い合わせ内容などは、電話からFAQやチャットボットなどへの置き換えが進んでいます。また、電話で受ける問い合わせは、年々複雑化・高度化しており、緊急性の高いものが増えています。このため職場の中核として活躍されている皆さんの役割は、ますます重要になってきています。本書が皆さんの応対力の向上に少しでもお役に立てれば幸いです。

なお、試験対策として『電話応対技能検定（もしもし検定）クイックマスター 電話応対〈第４版〉』なども刊行しております。併せてご活用いただければ幸いです。

本検定資格取得を目指す皆さんの合格を心よりお祈りいたします。

公益財団法人 日本電信電話ユーザ協会

目 次

「もしもし検定」1級過去問題集 1級

「もしもし検定」２級過去問題集 2級

「もしもし検定」の概要

◆「もしもし検定」とは

「もしもし検定」は、（公財）日本電信電話ユーザ協会が実施する、電話応対に関する資格試験の愛称で、正式名称を「電話応対技能検定」といいます。

企業における電話応対やビジネスコミュニケーションのエキスパートとして即戦力になり得るチームリーダーの育成を目指し、実施されています。

４級から１級までの段階別資格と、資格取得希望者を教育する「指導者級」で構成されており、そのうち４級は、筆記試験のみで認定されます。３級以上の受検者は、所定の講習を修了後、筆記試験と実技試験によって認定されます。

◆ 検定の概要

検 定 方 法：検定委員会が定める講習（授業科目および時間数）を修了し、専門委員会で定めた実技・筆記試験に合格した者に認定証を付与

※４級は筆記試験のみ実施

検定実施月：各級の検定実施月は下記の通り

4級	毎月第１水曜日※
3級	奇数月の第１水曜日※
2級	４、６、10、12月の第１水曜日※
1級	２、８月の第１水曜日※

※第１水曜日が祝日の場合、第２水曜日に実施
※実施月日は変更になる場合があります

有 効 期 間：指導者級のみ５年間の有効期間を設け、更新制とする
実 施 機 関：（公財）日本電信電話ユーザ協会「電話応対技能検定委員会」
事　務　局：（公財）日本電信電話ユーザ協会本部

詳しくは、日本電信電話ユーザ協会のホームページをご覧ください。
https://www.jtua.or.jp/education/moshimoshi/

◆ 級別の資格と検定料

基本的には、下位の級から順に受講・受検することが望ましいとされますが、経験がある受検者については２級からの受講・受検が認められています（ただし、後述の基本科目の受講が必要です）。

４級	ビジネス電話応対に必要なコミュニケーションの基礎知識を有する	検定料　※ 1,000円＋税
３級	ビジネス電話応対に必要なコミュニケーションの基礎能力を有する	5,000円＋税
２級	ビジネス電話応対に必要なコミュニケーションの応用能力を有する	6,000円＋税
１級	ビジネス電話応対に必要な社内の指導者として高度な実践能力および指導能力を有する	7,000円＋税
指導者級	電話応対に関する高度な知識、技能を有し、本検定の実施にあたっては、指導官や試験官などの役割を担う	10,000円＋税

※2025年４月から、４級試験の検定料を「2,000円＋税」に改定。

◆ 認定証と認定カード

合格者へは、希望により下記を有料で発行します。

- 指導者級および１級～３級の合格者
  認定証　3,000円＋税
  認定カード（写真付き）　5,000円＋税
- ４級の合格者
  ４級カード　500円＋税

▲認定証

▲認定カード（写真付き）

◆ 受検資格を得るために必要な講習

もしもし検定では、受検資格を得るために、下記の講習を修了することが必要とされています。ただし、4級には講習制度がなく、筆記試験のみで認定されます。

指導者級では、下記の講習に加えて、さらに25時間の講習を修了することが必要です。

	授業内容	時間数
基本科目 **10時間以上**	●教養ある社会人として欠かせない人格的マナー ●話し言葉・聴くこと・話すこと・気遣うこと ●敬語と言葉遣いの基本 ●発声・発音の基本 ●電話と対面コミュニケーションの違い ●さまざまなコミュニケーションツールと電話メディアの特徴 ●個人情報保護法（概要）	2時間以上 2時間以上 2時間以上 1時間以上 1時間以上 1時間以上 1時間以上
3級 **基本科目＋** **5時間以上**	●電話応対の基礎 ●電話の受け方、かけ方、取り次ぎ、伝言	2時間以上 3時間以上
2級 **15時間以上**	●電話応対の応用 ●伝え方・聴き方の基本 ●日本語の特徴 ●電話応対のメディエーションの基礎 ●電話応対のアサーションの基礎 ●電話応対のカウンセリング ●個人情報保護法（応対者事例によるグループワーク）	5時間以上 2時間以上 1時間半以上 1時間半以上 1時間半以上 2時間以上 1時間半以上
1級 **15時間以上**	●クレーム電話応答 ●クレーム・紛争に関する法的知識 ●伝え方・聴き方の応用 ●電話応対のメディエーションの応用 ●電話応対のアサーションの応用 ●電話応対のカウンセリングの応用	5時間以上 1時間以上 4時間以上 1時間半以上 1時間半以上 2時間以上

試験問題の全体像

◆ 試験問題のポイント

「もしもし検定」は、自ら考え判断して的確な電話応対ができる人材の育成を目指しています。そのため試験問題についても、マニュアルやテキストに基づく知識や技能の理解度・習熟度をみるだけでなく、状況に合わせて判断し対応できる力、相手の立場に立って考え思いやる心に重点を置いています。

試験問題は、筆記試験と実技試験の２種類で構成されています。

電話応対の力を磨くには、マニュアルやテキストを理解し、忠実に実践するだけでは足りません。体験を通しての気付きや応用力、身体的、感覚的な慣れなどが必要です。このため、本検定の受検に当たっては、まず各級ごとに設定された研修を受講していただきます。研修では、各級のレベルに合わせた実践訓練などを通じて、電話応対の技能を養います。

検定試験は、この研修の卒業試験として位置づけています。出題は、一部の常識問題を除き、研修での学びの理解度を判定する問題となっています。

◆ 筆記試験と実技試験

各級の検定試験の概要は、次の通りです。より上位の級に進むにつれ、試験時間が長くなります。

３級以上で実施される実技試験では、電話応対の実践能力を判定するため、電話の模擬応対（ロールプレイング）が行われます。

	1級	2級	3級	4級
検定試験	●筆記（四肢択一マークシート20問、論述1問、記述１問） ●実技（ロールプレイ）	●筆記（四肢択一マークシート20問、記述１問） ●実技（ロールプレイ）	●筆記（四肢択一マークシート20問） ●実技（ロールプレイ）	●筆記（四肢択一マークシート20問） ※３級の筆記試験と同内容
試験時間	●筆記90分 ●実技３分	●筆記60分 ●実技３分	●筆記40分 ●実技３分	筆記40分
配点	●筆記100点　●実技100点			筆記100点
合格基準	筆記試験・実技試験ともに７割以上の得点			７割以上の得点

◆ 問題構成

具体的な問題構成は以下の通りです。

級	内容	問題数
3級 （4級）	●**筆記試験** 基本問題：問題群別に各領域から出題する。各領域分野の理解度を判定する。与えられた選択肢から解答する。	20問
	●**実技試験** 電話応対の実践能力（電話応対の基礎）を判定する問題 ：電話の模擬応対を実演する。	1問
2級	●**筆記試験** 基本問題：問題群別に各領域から出題する。各領域分野の理解度・応用力を判定する。与えられた選択肢から解答する。	20問
	記述問題：各領域の中から出題する。各領域分野の理解度を判定する。短いフレーズの記述により解答する。	1問
	●**実技試験** 電話応対の実践能力（電話応対の応用）を判定する問題 ：電話の模擬応対を実演する。	1問
1級	●**筆記試験** 基本問題：問題群別に各領域から出題する。各領域分野の理解度・応用力を判定する。与えられた選択肢から解答する。	20問
	記述問題：各領域の中から出題する。各領域分野の理解度・応用力を判定する。短いフレーズの記述により解答する。	1問
	論述問題：各領域の中から出題する。与えられたテーマをもとに、電話応対のチームリーダーとしての考え方や資質を判定する。数百字程度で解答する。	1問
	●**実技試験** 電話応対の実践能力（電話応対の応用）を判定する問題 ：電話の模擬応対を実演する。	1問

※４級は筆記試験のみ実施

◆ 領域について

筆記試験は、下記の領域から出題します。

●日本語　●ICTツール（コミュニケーションツール）　●カウンセリング
●メディエーション　●マナー　●電話応対・電話メディア
●アサーション　●法的知識

◆ 問題群について

下記の３つの問題群別に、各領域から出題します。

問題群１	電話応対を理解・実践するために、前提となる社会人としての能力や知識を問う問題群
問題群２	電話応対を理解・実践するために、直接必要となる知識等を問う問題群
問題群３	電話応対を状況に応じて考え、実践していくための能力を問う問題群

実技試験について

本書では、受検者が事前に確認する「実技問題」と、お客様役が確認する「模擬応対者の方へ」で構成しています。

◆ 実技試験のトレーニング

本来、電話応対は相手の状況等がわからない中で、会話によってやりとりをします。
「もしもし検定」の実技試験は、自然な電話応対ができる力を身につけることを目指しており、「場と人に合わせたコミュニケーション力」を試す内容になっています。
実技試験対策（トレーニング）をする際には、スクリプトをうまく作成することではなく、本検定で重視している「聴く力」を大事にしてください。

◆ 注意事項

模擬応対者は、あらかじめ決められた模擬応対者の状況設定等に沿って応対します。**模擬応対者の状況や発言は、受検者には開示しません。**
また、模擬応対者は、応対者の言葉に合わせて状況設定内で質問に答えたり相づちを打ったりします。

◆ 採点

自然な電話応対を重視します。言い淀み、言い直し、とちりなどは、自然さの結果であれば、それ自体を減点対象とせず、それに対してリカバリーができているかどうかを審査します。

項目評価 **70点**

- 最初の応対　1点〜　5点
- 基本応対スキル　4点〜20点
- コミュニケーションスキル　4点〜20点
- 情報・サービスの提供　4点〜20点
- 最後の印象　1点〜　5点

全体評価：採点者の裁量 **30点**

0点から30点の範囲で、採点者の裁量で加点。※加点のみ

- 事務的でなく心くばりが感じられる応対ができていた。
- 項目評価内で全体として、感動を与える応対であった。
- 項目評価以外で全体として、感じの良い応対であった。

等、相手のことをよく考えている応対について加点します。

◆「もしもし検定」スキルチェック表の解説

実技試験では、ビジネス電話として『顧客満足を達成するために』企業や組織を守り、人の心と言葉を大事にした人間的に温かみのある愛ある応対であったかを下記の項目ごとに審査します。

最初の印象 5点

- 挨拶、社名の名乗り、取り次ぎ方など、オープニングの好感度

基本応対スキル 20点

- 自然な抑揚、テンポ、表情で話しているか
- 声柄や話し方は聞きやすく好感が持てるか
- 敬語や応対用語など、言葉遣いは適切か
- パターン化した言語ではなく、場に合った表現の工夫がみられるか

コミュニケーションスキル 20点

- お客様の言葉をしっかり聴き取り、訊きだしているか
- お客様の話を要点を押さえて正しく理解しているか
- ポイントを押さえた無駄のない、わかりやすい説明ができているか
- 手際のよい応対、処理ができているか

情報・サービスの提供 20点

- お客様が知りたいことを的確に答えているか
- お客様の期待以上の情報・サービスの提供ができているか
- 確かな業務知識・情報を持っているか
- この応対を通じてお客様の信頼感を高め得たか

最後の印象 5点

- 挨拶、名乗り、大事なことの繰り返しなど、次につながる心のこもったクロージングであったか

全体評価 30点

- 全体を通して、お客様に満足していただける応対であったか

減点について（試験細則　第５章実技試験　第５条より）

- 時間超過は、３分を超えた場合は、15秒ごとに１点を減点する

各級の到達目標

級ごとに、下記のような到達目標を掲げて講習と検定試験を行っています。筆記試験で問われるポイントにもなりますので、確認しておきましょう。

◆ 3級

対象例	到達目標
ビジネス電話応対を行うためのコミュニケーションの基礎能力を有することを目指している人	【求められる意識レベル】 ● 一本の電話が会社の評価を定めるという、職業人意識を持つ 【知っておくべき知識の範囲】 ● 電話応対において必要な基本応対スキル（発声・発音・敬語・応対用語等）の知識 ● 電話応対を理解・実践するために、前提となる社会人として必要な基本的なビジネスマナー（挨拶・訪問・接遇・身だしなみ等）の知識 ● 電話応対において必要な個人情報保護法の基礎知識 ● 様々なコミュニケーションツールの特徴 【電話応対における実践レベル】 ● 電話応対の基本（受ける・かける・取り次ぐ・伝言する）ができる

◆ 2級

対象例	到達目標
ビジネス電話応対を行うためのコミュニケーションの応用能力を有することを目指している人 ◆入社3年以上の経験者・一通りの業務知識を持った者・電話応対専門業務従事者等	【求められる意識レベル】 ● CS（顧客満足）の意識を持ち、応対業務ができる 【知っておくべき知識の範囲】 ● 日本語の話し言葉の特性。電話応対において必要な伝え方・聴き方の基本的な知識 ● 電話応対を理解・実践するために、社会人として必要なビジネスマナー（接遇・仕事の基本・紹介・席順等）の知識 ● 電話と様々なコミュニケーションツール（対面コミュニケーションを含む）の違いに関する知識 ● 電話応対に生かせる「アサーション」「カウンセリング」「メディエーション」などのコミュニケーションスキルについての基本的な知識 ● 電話応対において必要な個人情報保護法の実務面での知識 【電話応対における実践レベル】 ● 電話応対の応用（電話応対の様々な場面で、的確な判断を持って適切に応対することができる。「要望にこたえきれない」「お断りをする」「お詫びをする」「要望を伝える」などの場面で、相手が受け入れやすいように応対すること）ができる

◆ 1級

対象例	到達目標
ビジネス電話応対を行うための社内の指導者として高度な実践および指導を行う能力を有することを目指している人 ◆社内での指導者・教育担当者など指導者的な立場にある社員。社内講師を目指す社員等	【求められる意識レベル】 ● チームリーダーとして、優れた人格識見を有し、他のメンバーの手本となる電話応対業務ができる 【知っておくべき知識の範囲】 ● 電話応対において、心を伝えるための場に応じた伝え方・聴き方の応用知識 ● 電話応対を状況に応じて考え、実践してゆくための社会人として必要なビジネスマナー（接遇・紹介・席順・冠婚葬祭等）の知識 ● 電話をはじめ他の様々なコミュニケーションツールの特性を踏まえて、効果的に使いこなすための知識 ● 電話応対において「アサーション」「カウンセリング」「メディエーション」などのコミュニケーションスキルの手法を生かした応対を実践でき、チームメンバーへの指導に生かすことができる知識 ● 電話応対において必要な、法律（個人情報保護法を含む）知識 【電話応対における実践レベル】 ● 電話応対の社内の指導者として、ビジネス場面を中心とした高度なコミュニケーション能力について、指導することができる （電話応対を聴いて、「良い点」「改善点」を的確に判断し、アドバイスすること。お客様からの指摘や苦情（クレーム）に対し、責任ある応対ができること）

「電話応対技能検定委員会」委員名簿　敬称略　委員50音順

役　職	現　職	氏　名
委員長	国際教養大学　日本語教育実践領域　特任教授	伊東　祐郎
委　員	いなば法律事務所　弁護士 元中京大学法科大学院教授 元大阪地方裁判所判事　元法務省検事	稲葉　一人
委　員	(一財) NHK放送研修センター 元理事　日本語センター長	岡部　達昭
委　員	京都大学大学院医学研究科講師 弁護士	岡村　久道
委　員	(公財) 日本電信電話ユーザ協会　理事長	黒田　吉広
委　員	(公財) 日本電信電話ユーザ協会　会長 株式会社みずほフィナンシャルグループ　顧問	中野　武夫
委　員	劇作家・演出家 東京藝術大学COI推進機構特任教授	平田オリザ
委　員	立命館大学　衣笠総合研究機構　客員研究員 元NHKエグゼクティブアナウンサー	三宅　民夫

「電話応対技能検定専門委員会」委員名簿　敬称略　委員50音順

役　職	現　職	氏　名
委員長	いなば法律事務所　弁護士 元中京大学法科大学院教授 元大阪地方裁判所判事　元法務省検事	稲葉　一人
委　員	(株) アクシア　代表取締役社長	岩野敬一郎
委　員	税務研究会　出版局　編集者	上野恵美子
委　員	(公財) 日本電信電話ユーザ協会　専務理事	傈田　達男
委　員	(株) NTTドコモ	横山　達也

(2023年11月24日現在)

「もしもし検定」１級
過去問題集

受検番号　8ケタ	氏　　名

電話応対技能検定1級（2023年4月実施）

電話応対技能検定（もしもし検定）

1級　【第29回】

＊机上に置けるものは、筆記用具、時計（他の機能のないもの）のみに限ります。その他のものは各自の足元に置いてください（携帯電話・電子辞書等の使用は禁止）。

＊解答用紙への記入は、BまたはHBの黒鉛筆、シャープペンシルを使用してください。
　また、記載内容を訂正する場合は、消しゴムできれいに消してから記入してください。

＊問題用紙と解答用紙に分かれています。

＊受検番号と受検者氏名は、問題用紙と解答用紙の両方に記入してください。

＊筆記試験は、基本問題が20問、記述問題が1問、論述問題が1問です。制限時間は90分です（試験開始30分を経過した後、退出することができますが、退出後の再入室はできません）。

＊問題用紙は試験官の指示があるまで、開かないでください。

＊試験終了後、問題用紙は回収しますのでお持ち帰りにならないでください。

＊解答用紙は、基本問題はマークシート、記述問題・論述問題は別紙解答用紙に記入してください。

＊実技試験につきましては、説明員の指示に従ってください。

基本問題についての説明

基本問題に関しては、概ね以下の3つの問題群に分けて出題しますので、解答の目安にしてください。各問のとなりに記載しています。

問題群１．電話応対を理解・実践するために前提となる、社会人としての能力や知識を問う問題群

問題群２．電話応対を理解・実践するために、直接必要となる知識等を問う問題群

問題群３．電話応対を状況に応じて考え、実践していくための能力を問う問題群

基本問題

基本問題の問1～問20までは、すべて選択問題です。1～4の中から選び、別紙マークシートの解答用紙に記入してください。

問1 問題群1

現代仮名遣いの決まりでは、助詞「は」は、多くは【wa】と読むので、文に書いた場合、多くの人は、ほとんど「は」で書き表します。しかし、例外的に「わ」と書くべきものが決められています。

次の4つの中で、「は」と表記すべきものがあります。どれですか。1つ選びなさい。

1.「こんにちわ」
2.「すわ一大事」
3.「きれいだわ」
4.「出るわ出るわ」

問2　問題群1

言葉の意味が、昔（本来）の意味と、現在多くの人が使う意味とが違ってきている言葉が増えています。次の4つの言葉について、本来の意味と現在使われている意味の説明で、正しくない選択肢があります。どれですか。1つ選びなさい。

1.「割愛する」　本来：惜しいと思うものを手放す
　　　　　　　現在：不必要なものを切り捨てる
2.「姑息な手段」　本来：一時しのぎの手段
　　　　　　　現在：ひきょうな手段
3.「うがった見方」　本来：疑ってかかるような見方
　　　　　　　現在：物事の本質を捉えた見方
4.「憮然として」　本来：失望してぼんやりしている様子
　　　　　　　現在：腹を立てている様子

問3　問題群1

尊敬の接頭語「御」は「ご」「ぎょ」「お」「おん」「み」と5つの読み方があります。次の選択肢は、それらの語の例を1つずつ並べています（ただし、順不同です）。

選択肢の中に、5つの読み方が揃っていないものがあります。どれですか。1つ選びなさい。

1. 御陰様　御中　御製　御所　御霊
2. 御地　御機嫌　御点前　御代（世）　御物
3. 御者　御三家　御神楽　御堂　御社
4. 御母堂　御伽噺　御苑　御案内　御身

問４　問題群１

以下の選択肢は、「話し言葉」の文のわかりやすさを考える上で知っておいたほうがいい基本を述べた記述です。この中に当てはまらないものがあります。どれですか。1つ選びなさい。

1．日本語の文の特徴として、英語などに比べ、文節の順序は自由度が高く、入れ替えても、ニュアンスは多少変わるものの、主たる文意は変わらない。
2．日本語の文は、一般的に、「いつ、どこで、だれが、なんのために、だれに、なにを、どのように、どうした」という要素の順序がわかりやすいとされる。
3．一文の長さについては、なるべく短くし、どの文の長さもなるべく同じ長さに整えて話すと美しくかつわかりやすい。
4．疑問文の日本語の文型は、文末に「か」を付けるのが原則であるが、最近では「か抜き言葉」と言われ、「か」を省略する言い方が広まっている。

問５　問題群１

話し言葉を多く使う仕事では、発音についての意識を強く持つことが大切です。次は、日本語の「有声音」（声帯の振動でつくる音）と「無声音」（声帯を振動させずに発する音）についての記述です。4つの中で間違っているものがあります。どれですか。1つ選びなさい。

1．母音は有声音である。
2．半母音は有声音である。
3．撥音（＝「ン」）は有声音である。
4．子音は無声音である。

問6　問題群1

パソコンがコンピュータウイルスに感染しないための基本的な対策として、誤っているものを1つ選びなさい。

1．ソフトウェアを更新する。
2．通信部分を暗号化する。
3．見慣れないホームページやメールに注意する。
4．ウイルス対策ソフトを導入する。

問7　問題群1

Wi-Fiのセキュリティ対策に関する記述として、適切なものはどれですか。次の中から1つ選びなさい。

1．自宅で使うWi-Fiは家族しか使わないため、機器の設定にかかわらず安全に通信できる。
2．スマートフォンでWi-Fiに接続しようとしたところ、数多くのアクセスポイントが表示されたので、接続できそうなところに接続した。
3．公共の場でパソコンをWi-Fi接続するときには、利便性を考えて、ファイル共有機能を有効にした。
4．街中のアクセスポイントには、個人情報を窃取することを目的に設置されているものがあるため、接続前にアクセスポイント名や接続方式の安全性を確認した。

問 8　問題群 1

DX（デジタルトランスフォーメーション）において、人間がPC上で行う事務作業をロボットが代行するRPA（Robotic Process Automation）が注目されています。RPAが、得意とする作業として、適切なものはどれですか。次の中から1つ選びなさい。

1．人の目でもわからない、くずれた手書きの文字を識別させるような業務
2．データ登録や情報収集など繰り返しの多い定型業務
3．頻繁にルールが更新され、画面の操作が変わる業務
4．上司からの指示が頻繁に変わり、業務内容を臨機応変に変える必要がある業務

問 9　問題群 1

メールの誤送信による情報漏えいリスクを考えたとき、メール送信時にはリスクが高まり、注意が必要です。次の4つのうち、リスクに関係しないものを1つ選びなさい。

1．多くの送信先アドレスへ一斉に送信する。
2．ファイルを添付して送信する。
3．初めて送る送信先アドレスへ送信する。
4．メールシステムのアドレス帳を使って送信する。

問10

問題群３

1つのコミュニケーションツールを使用しながら、別のコミュニケーションツールを使用したり、切り替えたりすることがあります。次の4つのうち、問題のある使い方を1つ選びなさい。

1．メールのやりとりが連続しているとき、相手からのメールの内容があいまいだったため、電話をかけて内容を確認した。
2．チャットのやりとりをしているとき、回数が増えてきたため、ビデオ通話（Web会議）に切り替えた。
3．電話で話をしているとき、相手にWebサイトのURLを伝えるため、電話をしながらメールにURLを書いて送った。
4．部内のWeb会議に参加しているとき、同じ会議に参加している人に個別に意見を聞くため、携帯電話に電話をかけた。

問11

問題群３

取引先のA社に電話をかけたら、「A社第2事業部コジマです」と言って電話に出ました。あなたは、第2事業部の宣伝課の長谷川さんに用事があったのですが、第2事業部の企画課長の小島さんとは、前に1度名刺交換をしていましたので、「小島さんですか。ご無沙汰しています。B社の小川です。長谷川さんから、お電話を頂いたのですが、いらっしゃいますか？」と言いました。すると、「代わります」と素っ気なく電話を代わられてしまいました。電話に出た長谷川さんにその事を話すと、同じ部に企画課長の小島さんと宣伝課の新人の児島さんの2人がいるということでした。そのとき電話に出たのは、新人の児島さんでした。第2事業部の電話番号は共通番号です。

A社は、今後新人の児島さんに電話の第一声についてはどのように指導しますか。次の中から1つ選びなさい。

1.「A社第２事業部コジマヤスコです」
2.「A社第２事業部宣伝課です」
3.「A社第２事業部宣伝課コジマです」
4.「A社第２事業部です」

問12　問題群３

下記のア．～オ．の文章の中で、クレーム電話の基本的な対応として適切なものはいくつありますか。選択肢の中から1つ選びなさい。

ア．自分が受けたクレームは、責任をもって最後まで一人で対応する。
イ．クレーム対応では、お客様の気持ちを受け止めて、まずはお詫びをする。
ウ．クレーム対応では、お客様の名前を最初に確認する。
エ．クレームの内容が、お客様の勘違いだと気がついても、ひとまず最後まで話を聴く。
オ．お客様のご要望をよく伺い、必要に応じた解決策を提示する。

【選択肢】
1．１つ
2．２つ
3．３つ
4．４つ

問13 問題群1

欧米のクライアントを招いて歓迎パーティーを行います。乾杯のマナーとして不適切なものはどれですか。次の中から1つ選びなさい。

1．乾杯するときは、グラスを目の高さに掲げた。
2．乾杯の唱和に続いて、周りの人とアイコンタクトを交わした。
3．歓迎の意を込めて、左右の人とグラスを合わせて小さく音を鳴らした。
4．グラスの飲み物は、一口だけ飲んだ。

問14 問題群1

キリスト教徒の葬式に参列する際のマナーです。次の選択肢の中で、不適切なものはどれですか。1つ選びなさい。

1．お金包みは無地の白い一重の封筒を使った。
2．お金包みの表書きは「御花料」と書いた。
3．会場受付では「ご愁傷様です」とお悔やみの言葉を述べた。
4．讃美歌は歌えないので、黙って聞いていた。

問15　問題群３

アサーティブな態度の定義や考え方として、不適切なものはいくつありますか。次の選択肢の中から1つ選びなさい。

ア．アサーティブな主張とは、自分の気持ちや要望をはっきりと伝えることである。だからといって、腹が立った相手に、「あなたはひどい人だ」とストレートに言うことは、アサーティブな主張であるとは言えない。

イ．だれかを批判することは傷つけることになるので、たとえ間違っていると思う場面でも、なるべく批判や指摘をしない、または伝えたとしてもなるべくやんわりと伝えるのが、相手を思いやったアサーティブな態度である。

ウ．相手の要求を尊重することは大切だが、もしも自分の要求と対立してしまう場合は、できる限り双方が満足するように話し合うことが、アサーティブな態度である。

エ．アサーティブに相手に何かを頼んだとしても、必ずしも相手が快く「イエス」と言ってくれるとは限らない。たとえ相手の回答が「ノー」であったとしても、その意見を尊重できることが、アサーティブな態度である。

【選択肢】

１．１つ
２．２つ
３．３つ
４．なし

問16　問題群3

電話応対に活用できるカウンセリング技法に関する以下の記述のうち、不適切なものはどれですか。次の中から1つ選びなさい。

1. 相手を受け止めるため、相手の言葉の内容を、意味は変えずに言い換えるとよい。
2. 相手とは立場が違うので、同じようには感じられないときは、自分が感じたとおりに対応するとよい。
3. 相手の話を聞き、正しく理解するためにメモを取り、内容の要約をフィードバックするとよい。
4. 電話応対は共感だけでなく、ねぎらいや褒めることなども大切な要素である。

問17　問題群3

職場におけるハラスメントに関する記述で、間違っているものはどれですか。次の中から1つ選びなさい。

1. 部下に実行不可能な仕事を与えるのは、パワーハラスメントになる場合があるが、気にいらない部下に対して、嫌がらせのために仕事を与えないことも、パワーハラスメントに当たる可能性がある。
2. 職場のパワーハラスメントは上司から部下に行うものに限られ、部下から上司への行為はパワーハラスメントに当たる可能性はない。
3. 上司・同僚が「育児中の人は子どもがいることを理由にすぐに帰るから、まともな仕事はさせられない」と言い、該当する従業員を重要な仕事から外す行為は、マタニティハラスメントの可能性がある。
4. セクシャルハラスメント防止のための法律は、労働者の就業環境を守るための法律であるため、被害者が男性の場合も適用される。

問18 問題群3

メディエーションでは、アンカリングという言葉が使われますが、その正しい意味を表しているものはどれですか。次の中から1つ選びなさい。

1．メディエーターが法的情報を提供する行為をいう。
2．メディエーターが当事者間のリスク回避を支える活動をいう。
3．当事者が話し合いにおいて、初期に提示した条件に固執する心理的傾向をいう。
4．当事者が、自己の能力を過信する傾向をいう。

問19 問題群1

企業におけるコンプライアンスに関する考え方について書かれたア．とイ．の文章を読んで、正しい選択肢を1つ選びなさい。

ア．コンプライアンスは「法令順守（法令遵守）」と訳されるとおり、国内外で定められた法令を守り、違反を防止することを指します。法令だけでなく、社内で定められた規定やルール、マニュアルなどに沿って行動することも含まれます。
イ．コンプライアンスは、企業がカーボンニュートラルへの取り組みを推進するといった社会的責任を果たすことや、たとえば、「駅のホームで歩きながらスマートフォンを操作しない」といった、一般常識を企業としても守ることも、含まれるようになっています。

【選択肢】
1．アもイも正しい
2．アは正しいが、イは誤りが含まれている
3．アは誤りが含まれているが、イは正しい
4．アもイも誤りが含まれている

問20　問題群1

利用目的の達成に必要な範囲を超えて個人情報を利用する場合は、あらためて本人の同意を得ることが必要ですが、次の例の中で本人の同意を得なくても利用が認められているものはいくつありますか。次の選択肢から1つ選びなさい。

ア．県の統計調査へ協力する。
イ．児童虐待のおそれのある家庭情報を関係機関で共有する。
ウ．弓道サークル会員の競技成績と記録を氏名とともにホームページへ掲載する。
エ．税務署からの照会に対応する。
オ．患者の診療データを新薬開発のために製薬会社に共有する。
カ．災害の被災者情報を市役所へ提供する。

【選択肢】
1．3つ
2．4つ
3．5つ
4．すべて

記述問題

以下の設問を読んで、別紙の解答用紙に解答を記入してください。

【設問】

対立した概念を的確な言葉で表現できることは、論理的でわかりやすい話し方に通じます。こうした「対義語」には、さらに2つのタイプがあります。意味が正反対の「反対語」と、意味的に対になっている「対照語（対語）」です。たとえば、「上·下」「明るい·暗い」は「反対語」、「兄·姉」「大人·子ども」は「対照語」です。

以下の問題は、□の中に、すべて、左の言葉の「反対語」を書いてください（□の数は解答の字数です。漢字·ひらがな·カタカナ·長音記号のみで、ローマ字や数字はありません）。

① 悪意 ⇔ □□
② パッシブ ⇔ □□□□□
③ 冷たい ⇔ □□
④ フォーマル ⇔ □□□□□□□
⑤ 満潮 ⇔ □□
⑥ オフェンス ⇔ □□□□□□
⑦ 順境 ⇔ □□
⑧ プロローグ ⇔ □□□□□
⑨ 多人数 ⇔ □□□
⑩ レギュラー ⇔ □□□□□□
⑪ 楽観 ⇔ □□
⑫ ポジティブ ⇔ □□□□□
⑬ 不孝 ⇔ □□
⑭ マイノリティー ⇔ □□□□□□□
⑮ 私 ⇔ □

記述問題解答用紙

1.	①	②	③
2.	④	⑤	⑥
3.	⑦	⑧	⑨
4.	⑩	⑪	⑫
5.	⑬	⑭	⑮

もしもし検定

論 述 問 題

以下の設問を読んで、別紙の解答用紙に解答を記入してください。

【設問】

電話応対分野の業務や指導の経験から、これまで持っていた自分の考えを変えないといけないと思ったことを、事例を挙げながら、どうしてそう思ったかを書きなさい。また、その思いをもとに、今実践していることや、今後実践していきたいことを400字程度で書きなさい。

自分の個人的な体験、あるいは企業·組織にかかわること、どちらの内容でも構いません。

【解答用紙の使い方について】

- 400字のマス内に、タイトルやご自身の名前を書く必要はありません。
- 原則1マスに1字を書きますが、行末の句読点を欄外に書くか、行末マス内に書くか、行頭のマスに書くかは、どれでも構いません。
- 文章全体の構成として、改行する·しないのルールは、ご自身で適宜決めていただいて結構です。
- 「400字以内」「400字程度」の目安として、最低字数は横書き解答用紙17行目以上、字数オーバーの場合は、22行以内とします。

論述問題解答用紙

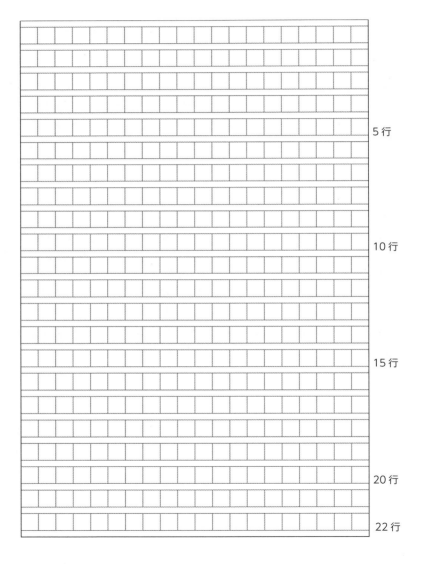

第29回　解答と解説

基　本　問　題

【問１】　1

（解説）

昭和21年内閣告示の「現代かなづかい」によると、助詞の「は」は、「は」と表記します。ただし、以下の＜例外＞にあるものの「わ」は、「は」とは表記しません。

＜例外＞

- いまわの際
- すわ一大事（※「すわ」は、突然のことに驚くなどして、発する語）
- 雨も降るわ風も吹くわ
- 来るわ来るわ
- きれいだわ

２．３．４．は、上記の＜例外＞に該当します。したがって、「わ」と表記します。

１．「こんにちは」は、「今日はよいお日和で……」のような文の省略です。したがって、助詞の「は」に該当するため、「こんにちわ」とは表記しません。よって、正解は１．です。

【問2】 3

(解説)

文化庁では「国語に関する世論調査」を毎年行い、日本語の時代変化を捉えようとしています。選択肢に挙げているのは、その中からピックアップした4つの言葉です。

1. ○ 平成23年度の世論調査で、「割愛する」の意味を、本来の「惜しいと思うものを手放す」と答えた人は、回答者のうちの20％未満でした。それに対し、本来の意味から変化した「不必要なものを切り捨てる」と答えた人は、回答者のうちの65％でした。
2. ○ 平成22年度の世論調査で、「姑息な手段」の意味を、本来の「一時しのぎの手段」と答えた人は、回答者のうちの15％でした。それに対し、本来の意味から変化した「ひきょうな手段」と答えた人は、回答者のうちの70.9％でした。
3. × 平成23年度の世論調査で、「うがった見方」の意味を、本来の「物事の本質を捉えた見方」と答えた人は、回答者のうちの26.4％でした。それに対し、本来の意味から変化した「疑ってかかるような見方」と答えた人は、回答者のうちの48.2％でした。したがって、3．の記述は、「本来の意味」と「現在使われている意味」とが反対です。
4. ○ 平成19年度の世論調査で、「憮然として」の意味を、本来の「失望してぼんやりしている様子」と答えた人は、回答者のうちの17.1％でした。それに対し、本来の意味から変化した「腹を立てている様子」と答えた人は、回答者のうちの70.8％でした。

【問3】 4

(解説)

選択肢にある言葉の読み方は、それぞれ以下のとおりです。

1. 御陰様〔おかげさま〕 御中〔おんちゅう〕 御製〔ぎょせい〕
   御所〔ごしょ〕 御霊〔みたま〕
2. 御地〔おんち〕 御機嫌〔ごきげん〕 御点前〔おてまえ〕

御代（世）〔みよ〕　御物〔ぎょぶつ〕

3．御者〔ぎょしゃ〕　御三家〔ごさんけ〕　御神楽〔おかぐら〕
御堂〔みどう〕　御社〔おんしゃ〕

4．御母堂〔ごぼどう〕　御伽噺〔おとぎばなし〕
御苑〔ぎょえん〕　御案内〔ごあんない〕　御身〔おんみ〕

4．だけは、「御」を「ご」と読む言葉が2つあり、「み」と読む言葉がありません。したがって、正解は4．です。

【問4】　3

（解説）

1．正しい記述です。たとえば、「昼間から　お酒を　飲みました」でも、「お酒を　昼間から　飲みました」でも、「飲みました　昼間から　お酒を」でも、文の意味は同じように伝わるのが、日本語の特徴です。ただし、一般に、「強調したい要素は冒頭に来る」などの傾向があるため、文節の順序が変化することで、微妙にニュアンスは変わります。

2．正しい記述です。ただし、日本語では「だれが」の「だれ」に当たる人物が話者（私）であるときは、省略される場合が多いです。

3．「話し言葉」の文のわかりやすさを考える上で、知っておいたほうがいい基本に、当てはまらない記述です。「一文の長さについては、なるべく短くし」までは正しい記述ですが、「どの文の長さもなるべく同じ長さに整えて」が当てはまりません。現代口語文は、形式が決まっている「韻文（詩）」や「歌（短歌）」ではないので、決まった長さや一定のリズムで話すのは、不自然です。

4．正しい記述です。「話し言葉」では、「か」を付けなくても、文末を高く上げるイントネーションによって、疑問文であることを、相手に示せます。しかし、最近はイントネーションが単調（平板）になりつつあるため、「断定の文」なのか「疑問の文」なのかがわかりにくいことがあります。

【問5】　4

（解説）

音（音素）は、「有声音」（声帯の振動でつくる音）と、「無声音」（声帯を振動させずに発する音）とに大別します。

「有声音」には、母音、半母音（ヤ・ユ・ヨやワの頭音）、撥音（ン）または、はねる音、さらに有声子音があります。一方、「無声音」は無声子音だけです。したがって、１．２．３．は正しい記述です。

４．は、間違った記述です。子音には、有声子音（ガ行・ザ行・ダ行・ナ行・バ行・ラ行などのそれぞれ頭音）と、無声子音（カ行・サ行・タ行・ハ行・パ行などのそれぞれ頭音）の両方があります。

【問6】　2

（解説）

２．のように、通信部分を暗号化していても、コンピュータウイルスに感染するリスクは変わりません。したがって、正解は２．です。

【問7】 4

(解説)

悪意で設置されたアクセスポイントの場合、入力を要求する認証画面が偽物である危険性があります。偽物の認証画面に情報を入力すると、SNSのIDやパスワードを窃取され、身に覚えがない投稿をされるなどの恐れがあります。正しいアクセスポイントかどうか、正しいURLで、HTTPSといった暗号化通信がされているかどうかなどを確認する必要があります。

1．自宅のWi-Fiの電波も屋外に漏れています。IDとパスワードがわかれば、だれでもアクセスできるため、安全とは言い切れません。

2．数多くのアクセスポイントが表示されたとしても、むやみに接続してはいけません。アクセスポイントの真偽や暗号化通信がされているかどうかを確認します。

3．公共の場でパソコンをWi-Fiに接続するときには、ファイル共有機能を無効にします。無効にすることで、他人から無断でアクセスされるのを防ぎます。

4．街中のアクセスポイントには、個人情報を窃取することを目的に設置されているものがあるため、接続前にアクセスポイント名や接続方式の安全性を十分に確認する必要があります。

【問8】 2

(解説)

DX（デジタルトランスフォーメーション）の変革規模には、デジタルオプティマイゼーション（最適化）とデジタルトランスフォーメーション（変革）があります。業務の最適化における事例として、RPA（Robotic Process Automation）があります。

RPAでは、決められたことをシステムに記憶させると、そのとおりに何度も実行できます。そのため、1．のように、「人の目でもわからないこと」、3．のように、「業務ルールが変わること」、4．のように、「例外がある業務」は、RPAに向いていません。

したがって、正解は2．です。RPAは、2．のように、定型的な繰り返しが多い業務を得意とします。

【問9】 4

(解説)

メールを送信するときには、細心の注意を払う必要があります。特に、送信先が多い場合は、「関係がない人のアドレスが含まれていないか」や、「BCCに設定すべきアドレスではないか」などの点に注意が必要です。

ファイルを添付する場合には、ファイルにパスワードをかけて内容を保護するだけでなく、「ファイルの内容は相手に公開しても問題ないものかどうか」、「ファイルの添付誤りがないか」などの確認が必要です。

初めて送る送信先の場合には、「メールアドレスの入力誤りがないか」を十分に確認します。アドレスの入力補完機能（オートコンプリート機能）が使える場合もありますが、類似するアドレスがあったときなどに、違うアドレスを設定する恐れがあります。そのため、アドレスの入力補完機能（オートコンプリート機能）をオフにしておくことで、メールアドレスの入力を間違えるリスクが抑えられます。

また、可能な限り、事前にメールソフトやクラウド上のアドレス帳へ、メールアドレスと併せて氏名や企業名などの判別しやすい表示名を登録し、そこから送信先を指定すると、誤送信のリスクを抑えられます。

【問10】 4

（解説）

４．の場合、意見を聞く相手は、会議に集中していることが想像できます。そのため、自分がかけた電話が、相手の会議への集中を遮る恐れがあります。したがって、正解は４．です。

４．のような場合は、携帯電話に電話をかけるのではなく、チャットやメールなど、文字で伝えるとよいです。

１．２．３．は、問題のない使い方です。

【問11】 4

（解説）

電話の第一声は、「どこに電話が繋がったのか」を相手に伝えることが最も重要です。

設問の企画課と宣伝課は、同じ第２事業部の所属であり、電話番号が同じという設定です。このような場合の電話の第一声は、出た人の名前を言うのではなく、「第２事業部に電話が繋がった」と伝えるのが適切です。

また、設問のようなケースでは、「電話をかけてきた人が、宣伝課の新人の児島さんを、企画課の小島課長と間違える」ということが今後も起こり得ると考えられます。以上のことから、４．の「第２事業部です」が最もふさわしい言い方となります。

【問12】　3

（解説）

ア．不適切　自分が受けたクレームに対して、責任をもって対応することは大切ですが、「最後まで一人」で対応する必要はありません。一次対応者が対応することで、かえって収束に時間がかかる場合や、決定権がないために回答できない場合もあります。よって、一次対応で解決できなかった場合は、上司や別の担当者（二次対応者）が代わって対応します。クレームは「人・場所・時間」を変えることで収束に向かいやすくなります。

イ．適切　クレーム対応では、お客様の気持ちを受け止め、まずはお詫びをすることが一番です。ただし、お客様の話を聴く前に「解決策を提示」するのは危険です。クレームの内容や事情を理解してから、それに応じた解決策を取ります。

ウ．不適切　お客様の名前を最初に確認するのは、適切ではありません。お客様の名前は、いったん、クレームの内容を最後まで聞いてから、「詳しく調査してお返事したいので」と、理由と併せて確認します。

エ．適切　クレームの内容が、お客様の勘違いという場合があります。「早く誤解を解きたい」、「間違いを訂正したい」との思いから、お客様の話を遮る人がいますが不適切です。「話を遮られた、聴いてもらえない」と、怒りを助長する可能性もあります。クレーム対応では、お客様の話を最後まで聴くことが大事です。

オ．適切　クレーム対応では、お客様のご要望をよく伺い、必要に応じた解決策を提示することが大切です。

適切な記述は３つなので、正解は３．です。

【問13】 3

（解説）

乾杯は、音を立てずに行うのが、正式なマナーです。グラスの破損や周囲への安全を考えての配慮です。したがって、正解は３．です。

乾杯は「杯を乾す（空にする）」と書きますが、飲み干す必要はなく、口を付ける程度でも問題はありません。

【問14】 3

（解説）

１．お金を包む袋は、キリスト教徒用の封筒（百合の花や十字架が描いてある白色の封筒）を用意しますが、用意できない場合は、無地の白い封筒を使っても構いません。仏式の香典袋は使用しないように注意します。

２．キリスト教の葬式では、表書きは「御花料」です。包む金額は、仏式と同様に故人との関係や自身の年齢によります。

３．キリスト教における死とは、永遠の命の始まりとされますので、「ご愁傷様です」や「お悔やみ申し上げます」という、お悔やみの言葉は述べません。「安らかな眠りをお祈りいたします」のように、故人の安寧を祈る言葉を述べます。

４．讃美歌は、歌わずに聞いているだけでも構いません。ただ、歌や祈りの一節が書かれた紙が配られますので、口ずさむだけでも参加するとよいです。

【表書きの種類】

表書きは、宗教·宗派によって異なります。

宗教	表書き
仏教	御霊前、御仏前、御香料、御香典、御供料
神道	御榊料、玉串料、御供料、御神前
キリスト教	御花料、御ミサ料（カトリック）、忌慰料（プロテスタント）
無宗教	御花料、御供料

【問15】　1

（解説）

アサーティブな態度とは、自分も相手も尊重した、誠実で率直、対等な向き合い方のことです。

ア．○　自分の感情（気持ち）や要望を言葉にするのは、アサーティブなコミュニケーションです。しかし、「ひどい人」という攻撃的な感情表現は、アサーティブではなく、攻撃的な態度です。

イ．×　アサーティブであれば、相手に対して建設的な批判ができます。批判をしないことや、やんわり伝えることは、アサーティブな態度ではありません。

ウ．○　自分の要求と相手の要求がぶつかることはあります。その際に、相互が納得できるように話し合うのが、アサーティブな姿勢です。

エ．○　自分に主張する権利があると同時に、相手にもノーと言う権利があります。双方の主張の権利を認識しているのが、アサーティブな姿勢です。

したがって、不適切なものは１つなので、正解は１．です。

【問16】　2

（解説）

１．適切な記述です。相手の言葉の内容を、意味を変えずに言い換える技法を、「言い換え」といいます。

２．不適切な記述です。相手が感じていることを、まるで、相手になったかのように、同じように感じることが大切です。これを、「共感」といいます。

３．適切な記述です。

４．適切な記述です。ねぎらいや褒めることなどのほか、察することも大切です。

【問17】　2

（解説）

「優越的な関係を背景とした言動」は職場におけるパワーハラスメントとして認められる３つの要素（パワハラの３要素※）に含まれますが、これは、上司から部下への言動に限りません。同僚または部下から上司への、集団による行為で、これに抵抗または拒絶するのが困難である場合についても、パワハラの３要素に該当します。したがって、２．は誤りです。

1．職場におけるパワーハラスメントの、代表的な言動の類型６つのうちの１つ、「（５）過小な要求（業務上の合理性なく、能力や経験とかけ離れた程度の低い仕事を命じることや、仕事を与えないこと）」に当たり、パワーハラスメントに該当すると考えられます。「（４）過大な要求（業務上明らかに不要なことや遂行不可能なことの強制・仕事の妨害）」がパワーハラスメントに該当するのはわかりやすいかもしれません。そして、その逆もまた、パワーハラスメントに該当する可能性があります。よって、１．は正しい記述です。

3．職場における妊娠・出産・育児休業などに関するハラスメントとは、職場において行われる上司・同僚からの言動（妊娠・出産したこと、育児休業などの利用に関する言動）により、妊娠・出産した「女性労働者」や、育児休業などを申出・取得した「男女労働者」の就業環境が害されることです。 妊娠の状態や育児休業制度などの利用と、嫌がらせとなる行為の間に、因果関係がある場合は（マタニティ）ハラスメントに該当します。３．の事例は、先に挙げた、「（５）過小な要求」にも該当するパワーハラスメントともいえます。よって、３．は正しい記述です。なお、業務分担や安全配慮などの観点から、客観的にみて、業務上の必要性に基づく言動によるものは、ハラスメントには該当しません。

4．職場において、当人の意に反する「性的な言動」で労働条件について不利益を受けたり、「性的な言動」により就業環境が害されたりする場合、セクシャルハラスメントに該当します。これは、事業主、上司、同僚からの「性的な言動」に限らず、取引先などのほかの事業主またはその雇用する労働者、顧客、患者またはその家族、学校における生徒なども該当する可能性があります。男女とも行為者にも被害者にもなり得ます。

また、異性に対するものだけではなく、同性に対するものも該当します。

よって、4．は正しい記述です。

※パワハラの３要素とは、「①優越的な関係を背景とした言動」、「②業務上必要かつ相当な範囲を超えたもの」、「③労働者の就業環境が害されるもの」のことです。この３つの要素すべてを満たすものが、職場におけるパワーハラスメントに該当します。

【問18】　3

（解説）

アンカリング（Anchoring）とは、船の繋留のように、ある条件に固執する心理的傾向をいいます。たとえば、最初に提示した金額に明確な根拠がなくても、その後もその金額に拘るような場面で使われる言葉です。

電話応対でも、新しい事実を示してもお客様（電話の相手）が当初の立場から動きにくい場合があります。そのような場合は、時間をおいて対応したり、担当者を変えたりなどの方法が効果的です。

アンカリングは、お客様（電話の相手）だけでなく、電話を受けた担当者に生ずる場合もあるので、注意が必要です。

【問19】　1

（解説）

ア．もイ．も正しい記述です。

コンプライアンスは、法令にとどまらず、様々なルールやマニュアル、社会一般常識や倫理観など、幅広い分野がカバーされます。

【問20】　2

（解説）

本人の同意なしで、個人情報の目的外利用ができる場合があります。

ア．イ．エ．カ．は、本人の同意がなくても利用目的の達成に必要な範囲を超えた個人情報の利用が認められています。

個人情報保護法第18条は、下記の場合に、目的外利用を認めています。ア．エ．カ．は四号、イ．は二号に該当すると考えられます。

「一　法令に基づく場合

二　人の生命、身体又は財産の保護のために必要がある場合であって、本人の同意を得ることが困難であるとき。

三　公衆衛生の向上又は児童の健全な育成の推進のために特に必要がある場合であって、本人の同意を得ることが困難であるとき。

四　国の機関若しくは地方公共団体又はその委託を受けた者が法令の定める事務を遂行することに対して協力する必要がある場合であって、本人の同意を得ることにより当該事務の遂行に支障を及ぼすおそれがあるとき。

（以下省略）」

記 述 問 題

【解答】（各1点　合計15点）

1.	①	善意（好意も正解）	「悪意」の反対語は、「善意（好意）」です。
	②	アクティブ	「パッシブ」は、「受動的」という意味です。「アクティブ」は、「能動的」という意味です。
	③	熱い（暑いは間違い。暖かい･温かいは字数が□の数と異なるため間違い）	「寒い」の反対語なら「暑い」ですが、「冷たい」の反対語は「熱い」です。
2.	④	インフォーマル（カジュアルは字数が□の数と異なるため間違い）	「フォーマル」は、「公式、正式」という意味です。「インフォーマル」は、「非公式、略式」という意味です。
	⑤	干潮	「満潮」の反対語は、「干潮」です。
	⑥	ディフェンス	「オフェンス」は、「攻撃」という意味です。「ディフェンス」は、「防御」という意味です。
3.	⑦	逆境	「順境」の反対語は、「逆境」です。
	⑧	エピローグ	「プロローグ」は、「序章」という意味です。「エピローグ」は、「終章」という意味です。
	⑨	少人数（小人数は間違い）	「多人数」の反対語は、「少人数」です。

4.	⑩	イレギュラー	「レギュラー」は、「規則的」という意味です。「イレギュラー」は、「不規則的」という意味です。
	⑪	悲観	「楽観」の反対語は、「悲観」です。
	⑫	ネガティブ	「ポジティブ」は、「積極的」という意味です。「ネガティブ」は、「消極的」という意味です。
5.	⑬	孝行	「不孝」の反対語は、「孝行」です。
	⑭	マジョリティー	「マイノリティー」は、「少数派」という意味です。「マジョリティー」は、「多数派」という意味です。
	⑮	公	「私」の反対語は、「公」です。

※【解答】以外の解答であっても、問題に沿った適切な解答であれば正解とします。

※正解は、どの問題も１点です。

※漢字の間違いは0点です。

※字数が□の数と異なるものは0点です。

実技問題

＜状況設定＞

会 社 名：もしもし飲料株式会社

応 対 者：もしもし飲料株式会社 販売課

　　　　　高橋　光（たかはし　ひかる）主任

応対日時：4月5日（水）13時00分

あなたは、もしもし飲料株式会社 販売課の高橋主任です。もしもし飲料は、全国の天然水をオンラインショップで販売している会社です。日本各地の、おいしくて特徴のある水には固定ファンも多く、個人のお客様から大口の法人取引まで行っています。
水を注文したのに届かないというお客様から、問い合わせの電話がありました。応対していた山本　悠太（やまもと　ゆうた）社員の電話を、あなたが引き継いで受けてください。あなたは山本社員とお客様のやり取りを近くで聞いており、大まかな内容を把握しています。

【もしもし飲料株式会社】

会社所在地	東京都千代田区東神田2-6-9
お客様用電話番号	0120-20-6660
URL	https://www.jtua#.co.jp
メールアドレス	water@jtua#.co.jp
業務内容	全国の天然水の販売（オンライン·卸売）
企業理念	美しさと健康をサポート
従業員数	80名
営業日	月曜日～金曜日　9：00～17：00 土日祝日·年末年始は休業

＜お客様と山本社員の応対情報＞

お客様　：「オンラインショップで水を注文したのにまだ届かないんですが、どうなっているんですか」

山本社員：「銀行振込でお支払いいただいた金額が3,380円で、入金不足になっているので配送していません」

お客様　：「3月29日（水）に3,600円払いましたよ」

山本社員：「ご入金はいただいていますが、3,380円です。よくあるのですが、振込手数料はお客様負担なので、もしかしてその分が差し引かれて不足しているのではないですか」

お客様　：「そういうことなら、入金不足だということをなぜ教えてくれないんですか」

山本社員：「入金の翌日にメールでお知らせしました」

お客様　：「こちらは急いでいるんです。なぜ電話をくれないのですか」

山本社員：「……」

お客様　：「あなたじゃ話にならないから、上司に代わってください」

＜山本社員からの引継ぎ内容＞

山本社員：「入金不足だから不足額を払ってもらいたいとお願いしたら、逆ギレされました。上司に代われと言われたので、電話を代わってください。お客様情報はシステム画面に出ています」

【オンラインショップでの販売業務詳細】

注文･支払い	銀行振込（先払い）、クレジットカード決済もしくは代金引換が可能 ＊注文受付の翌営業日に担当者からの注文確認メールを送信する
配送	クレジットカード決済･代金引換の場合：注文受付日の翌営業日に発送 銀行振込の場合：営業日の朝9時時点での入金確認分を同日午後に発送 宅配便を利用（送料無料）し、お届け日は発送日の翌日

【お客様管理システム画面】

お客様名	ユーザエステティックサロン 園田　睦（そのだ　むつみ）
お届け先	ユーザエステティックサロン
お届け先住所	千葉県千葉市美浜区中瀬1-3
メールアドレス	user@useresthetic#.com
電話番号	043-216-3921

受注履歴

受注日付	受付番号	商品名	税込単価（円）	個数	税込購入金額（円）	支払方法
2023.03.26_ 14：20	FA 0524008	安達太良山（あだたらやま）の水500ml ペットボトル24本入	3,600	1	3,600	銀行振込

入金履歴

受注日付	受付番号	商品名	税込単価（円）	入金額（円）	過不足金額（円）	備考
2023.03.29_ 13：30	FA 0524008	安達太良山（あだたらやま）の水500ml ペットボトル24本入	3,600	3,380	▲220	入金不足

メール送信履歴

送受信日時	送受信	内容
2023.03.27_ 09：30	送信	ユーザエステティックサロン 園田様 このたびはご注文ありがとうございます。もしもし飲料オンラインショップ担当の山本です。 ご注文内容の確認と、お手続きをご案内します。 受付番号：FA0524008 注文内容：安達太良山の水500ml 24本入り 1箱 3,600円（税込） お届け先：千葉県千葉市美浜区中瀬1-3　ユーザエステティックサロン お支払方法：銀行振込 配送方法：宅配便 ●お支払いのお手続きについて（銀行振込） 振込先口座　：モシケン銀行千代田支店 普通預金口座0987654 口座名義　：もしもし飲料株式会社 お支払い金額：3,600円（税込） お支払い期限：2023年4月10日（本メール送信日より14日後） ＊振込手数料はお客様負担でお願いいたします。 ＊期限までにお支払いをいただけない場合は、ご注文をキャンセルとさせていただきます。
2023.03.30_ 09：30	送信	ユーザエステティックサロン 園田様 このたびはご注文ありがとうございます。もしもし飲料オンラインショップ担当の山本です。 受付番号：FA0524008 注文内容：安達太良山の水500ml 24本入り 1箱 3,600円（税込） のご注文のお支払いについてご連絡します。 入金が3,380円となっており、220円不足しています。 不足分をお支払いいただきますよう、お願いします。 なお、振込手数料はお客様負担でお願いいたします。

応対時間3分以内（応対部分のみを計測）。

模　擬　応　対　者	応　対　者
	（電話を代わる）
	①「・・・・・・・・・・・・・・・・・」
②「・・・・・・・・・・・・・・・・・」	
	③「・・・・・・・・・・・・・・・・・」
④「・・・・・・・・・・・・・・・・・」	
	⑤「・・・・・・・・・・・・・・・・・」
⑥「・・・・・・・・・・・・・・・・・」	
	⑦「・・・・・・・・・・・・・・・・・」
⑧「・・・・・・・・・・・・・・・・・」	
	⑨「・・・・・・・・・・・・・・・・・」
⑩「・・・・・・・・・・・・・・・・・」	
	⑪「・・・・・・・・・・・・・・・・・」
模擬応対者から電話を切ります。	
	（終了）

※模擬応対者はあらかじめ決められた状況に沿って応対しますが、その内容は応対者には開示されません。

※模擬応対者は状況設定内で、応対者に合わせて質問に答えたり相づちを打ったりします。したがって、応対者の質問によりスクリプトの番号は、増えても減っても構いません。

※模擬応対者は、応対者に合わせて原則自由に会話展開ができますが、時間オーバーとならないように配慮することとなっています。たとえば、模擬応対者の発言の中には確認のための復唱も含まれますが、模擬応対者は、簡潔に必要事項を復唱することとしています。

※受検者の言葉が聞き取れないときや応対者の質問に答えられないときに、模擬応対者から質問することがあります。

※想定にないことは自由に会話して構いませんが、加点にも減点にもなりません。

※文中の会社／団体名·人物氏名·住所·電話番号などはすべて架空のものです。

◆模擬応対者の方へ◆

実技問題を確認の上、下記の模擬応対者情報並びに発言例を基に応対してください。

また、問題に書かれている注意事項に沿って応対してください。

模擬応対者は、1名です。男女を特定していません。

【模擬応対者情報】

氏名	園田　睦（そのだ　むつみ）
勤務先	ユーザエステティックサロン
勤務先住所	千葉県千葉市美浜区中瀬1-3
勤務先メールアドレス	user@useresthetic#.com
勤務先電話番号	043-216-3921
勤務先営業日	水曜日～日曜日　12：00 ～ 20：00 月曜日･火曜日は定休日
プロフィール	ユーザエステティックサロンの副店長。お客様への施術のほか、店長と連携して、よりご満足いただけるサロンとなるよう、様々な企画を考えて実行している。

≪模擬応対者の状況≫

あなた（園田　睦〔そのだ　むつみ〕）は、ユーザエステティックサロンの副店長です。

お客様への施術のほか、店長と連携して、よりご満足いただけるサロンとなるよう、様々な企画を考えて実行しています。先日店長から「来店するお客様にお出しするペットボトルの水について、美意識の高い方々にも喜んでいただけそうなものがあったら、取り寄せてみてほしい」と依頼がありました。そこで、サロンスタッフ共用のＰＣでインターネット検索をしたところ、もしもし飲料オンラインショップの「安達太良山の水500ml 24本入り 1箱3,600円（税込）」が目に留まり、3月26日（日）に早速注文しました。

その後3月27日（月）に銀行振込の案内メールが来ていたのを、定休日明けの3月29日（水）に確認しました。振込先を間違えないようにメールを印刷し、すぐに銀行に行ってＡＴＭから振り込みました。

今日4月5日（水）は、振り込んでから1週間たっており、そろそろ届くかと思い待っているのですが、まだ届きません。店長にもそろそろ届きますと報告をし、今週末くらいから、お客様にもお出ししたいと話し合っているので、今配送がどうなっているのかを確認しようと、もしもし飲料オンラインショップの問い合わせ先に電話をしてみました。電話に出た山本さんとのやり取りでは、こちらに非があるように言われて嫌な気持ちになり、上司に代わってもらって話をすることにしました。

■模擬応対者とオンラインショップ山本社員との会話

園田副店長：「オンラインショップで水を注文したのにまだ届かないんですが、どうなっているんですか」

山本社員　：「銀行振込でのお支払い金額が3,380円で、入金不足になっているので配送していません」

園田副店長：「3月29日（水）に3,600円払いましたよ」

山本社員　：「ご入金はいただいていますが、3,380円です。よくあるのですが、振込手数料はお客様負担なので、もしかしてその分が差し引かれて不足しているのではないですか」

園田副店長：「そういうことなら、入金不足だということをなぜ教えてくれないんですか」（電話くらいしてくれてもいいのではないか）

山本社員　：「入金の翌日にメールでお知らせしました」

園田副店長：「こちらは急いでいるんです。なぜ電話をくれないのですか」（来店するお客様を担当していて忙しいし、PCはサロンスタッフの共用だから、メールをいつもチェックするのは難しい。こちらも事情がいろいろあるのに）

山本社員　：「……」

園田副店長：「あなたじゃ話にならないから、上司に代わってください」（不親切で頼りないなあ。早く届けてほしいだけなのに）

■模擬応対者の発言例

・第一声は、以下のとおりに言ってください。※怒って言ってください。

②さっき電話に出た人は、人の話をちゃんと聞いてくれません。こちらだっていろいろたいへんなんです

その後は、相手に合わせて、次のように答えてください。

・詳しい話を聞きたいと言われた場合。

注文した水を早く届けてもらいたいのに、こっちの話を聞こうとしないんです。安達太良山の水が私たちのサロンのお客様に喜んでいただけそうだと思って注文して、先週の水曜日に代金を振り込んだのですが、お金が足りなかったことを今電話して初めて知ったんですけど、いつ連絡をくれたのですか

・3月30日の9時30分にメールで連絡をしていることについての説明を受けた場合。

メールを出したら必ず見ているとは限らないんじゃないですか。今日は4月5日ですよ。私から電話するまで6日も無駄になったじゃないですか

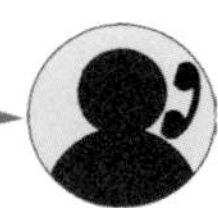

・急ぎなのかを聞かれた場合。

そうなんです

◎急いでいることを理解し、迅速に対応する主旨の発言を受けたら、徐々に怒りを鎮めてください。

・この後の手続きについて案内された場合。

わかりました

• 振込手数料の案内があった場合。

220円を振り込むための振込手数料も払わなければならないんでしょうか

• 振込手数料についてあらためてお願いされた場合。

わかりました

• 不足金額をいつ振り込めそうか、聞かれた場合。

今日か明日には振り込みます

• 振込日と、お届け日について具体的に説明された場合。

できるだけ早く届けてほしいので、今日これから振り込みます

• 配送の希望時間について聞かれた場合。

何時でも結構です

• 明日入金の確認をした時点で連絡をしましょうかと言われた場合。

お願いします

• ほかに確認したいことがあるか、聞かれた場合。

ありません

そのほか、相手の質問に合わせて適宜答えてください。

◎最後は相手の言葉に合わせて、模擬応対者から電話を切ります。

<注意事項>

＊発言はできるだけこのまま言ってください。

＊意味が変わらなければ言いやすい言葉に変えても構いませんが、余計な発言を追加したり応対者を誘導したりしないでください。

＊説明にわからない部分があった場合は、質問してください。

＊相手に合わせて適宜答えることの中に確認のための復唱も含まれますが、模擬応対者は、簡潔に必要事項のみ復唱してください。

＊受検者が言葉に詰まり、黙ってしまった場合は、一呼吸か二呼吸（5秒ほど）待って前の発言を繰り返してください。

＊受検者が誤った受け取り方をした場合、「違う」と言って前の発言を繰り返してください（模擬応対者が要約しないでください）。

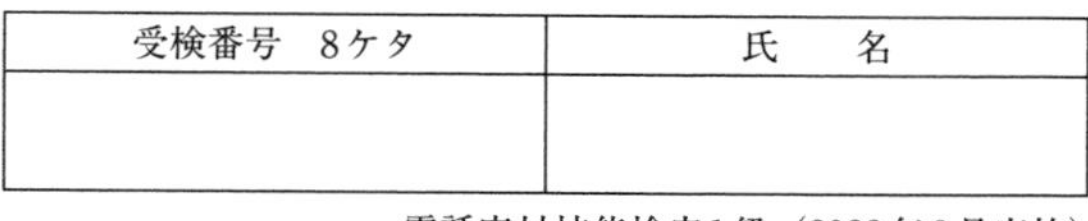

受検番号　8ケタ	氏　　名

電話応対技能検定1級（2023年8月実施）

電話応対技能検定（もしもし検定）

1級　【第30回】

＊HBもしくはBの鉛筆・シャープペンシルで解答してください（ボールペン不可）。
＊机上に置けるものは、筆記用具、時計（他の機能のないもの）のみに限ります。その他のものは各自の足元に置いてください（携帯電話・電子辞書等の使用は禁止します）。
＊問題用紙と解答用紙に分かれています。
＊受検番号と受検者氏名は、問題用紙と解答用紙の両方に記入してください。
＊筆記試験は、基本問題が20問、記述問題が1問、論述問題が1問です。制限時間は90分です（試験開始30分を経過した後、退出することができますが、退出後の再入室はできません）。
＊問題用紙は、指示があるまで開かないでください。
＊解答は、基本問題はマークシート、記述問題・論述問題は別紙解答用紙に記入してください。
＊試験終了後、問題用紙は回収しますのでお持ち帰りにならないでください。
＊実技試験につきましては、指示に従ってください。

基本問題についての説明

基本問題に関しては、概ね以下の3つの問題群に分けて出題しますので、解答の目安にしてください。各問のとなりに記載しています。

問題群１．電話応対を理解・実践するために前提となる、社会人としての能力や知識を問う問題群

問題群２．電話応対を理解・実践するために、直接必要となる知識等を問う問題群

問題群３．電話応対を状況に応じて考え、実践していくための能力を問う問題群

基本問題

基本問題の問1～問20までは、すべて選択問題です。1～4の中から選び、別紙マークシートの解答用紙に記入してください。

問1　問題群1

「話し言葉」は「音の言葉」です。音声の「強弱」「高低」「持続」「声柄」などの要素のうち、日本語では、音声の「高低」変化が重要な役割を担います。

次の4つの音声表現の中で「高低」には直接関係しないものはどれですか。1つ選びなさい。

1．同じ音の用語をアクセントで区別する。
2．イントネーションの変化でセンテンスの意図や切れ目を伝える。
3．センテンスの中で強調（プロミネンス）する部分を表現する。
4．話す音声の強弱（ラウドネス）の表現をコントロールする。

問2　問題群1

「どうぞ」と「どうか」の使い方の問題です。次の言葉の直前に「どうぞ」を使うのがふさわしくないものはどれですか。1つ選びなさい。

1．「よろしくお願いします」
2．「お試しください」
3．「楽しみにお待ちください」
4．「明日はいい天気になりますように」

問3　問題群1

「主（あるじ）」という漢字は、訓読みで「ぬし」、音読みで「しゅ」とも読みますが、熟語になるとどちらで読んでも良いという訳にはいきません。次の、10の言葉の「主」の一般的な読みは、「ぬし」と「しゅ」が何語ずつありますか。選択肢の中から1つ選びなさい。

《言葉群》

世帯主　神主　救世主　株主　持ち主　地主　雇い主　施工主　店主　飼主

1．「ぬし」9語　　「しゅ」1語
2．「ぬし」8語　　「しゅ」2語
3．「ぬし」7語　　「しゅ」3語
4．「ぬし」6語　　「しゅ」4語

問4　問題群1

家族·親族に関する言葉についての、正しい記述はどれですか。次の中から1つ選びなさい。

1．「1親等」の親族とは、親・子・兄・弟・姉・妹のことである。
2．「又いとこ（＝はとこ）」とは、「いとこ」の子ども同士の関係を言う。
3．「叔父」とは父母の兄、または父母の姉の夫のことを指す。
4．「岳父」と「義父」は同じ意味で、妻の父のことである。

問5　問題群2

　昨夜、祖父が老衰で死んだことを、会社の上司に翌朝電話で告げ、忌引き休暇を申請するケースです。「死んだ」ということを言う場合、使って問題のない言葉は、次の20の言葉群の中にいくつありますか。選択肢から1つ選びなさい。

《言葉群》

死にました	お死ににになりました	死んでしまいました
死去しました	死去いたしました	死亡しました
死亡いたしました	亡くなりました	お亡くなりになりました
永眠しました	息を引き取りました	他界しました
逝去しました	ご逝去されました	ご逝去になりました
逝去いたしました	身罷りました	崩御しました
大往生しました	物故しました	

【選択肢】

1．3つ
2．5つ
3．7つ
4．9つ

問６　問題群１

ＤＸは、「デジタイゼーション」「デジタライゼーション」「デジタルトランスフォーメーション」という3つの要素で構成されます。次の4つの選択肢の中で、「デジタイゼーション」に当てはまるものを1つ選びなさい。

1．これまで紙で作成されていた書類を電子化した。
2．ロボットを導入して、接客業務を自動化した。
3．電子契約サービスを利用して、オンラインで契約締結ができるようになった。
4．スマートフォンのアプリで、個人間の商取引が簡単にできるようになった。

問７　問題群１

標的型攻撃の説明として、正しいものはどれですか。次の中から1つ選びなさい。

1．Webサイトやメールを使った攻撃であり、USBメモリは使用されない。
2．標的型攻撃メールかどうか見分けるためには、「件名」「差出人」のみ確認すればよい。
3．特定の企業や個人を狙って、機密情報や個人情報を窃取しようとする攻撃である。
4．ウイルスを使った攻撃は、標的型攻撃に含まれない。

問8　問題群1

代表的なWebブラウザには、「InPrivateウィンドウ」や「シークレットウィンドウ」などの機能が搭載されています。これらの機能を説明した記述として、最も適切なものはどれですか。次の中から1つ選びなさい。

1．職場のIT管理者に対して、閲覧情報を公開しない。
2．複数のサイトにまたがって、利用者のデータを収集することを防止する。
3．Webブラウザを閉じるときに、閲覧情報を自動的に削除する。
4．Webサイトの広告を非表示にできる。

問９　問題群３

以下の場面を読んで、設問に解答してください。

【場面】

応対者Ａ「もしもし家電でございます」
お客様　「昨日買った電動歯ブラシに充電器がなかったんだよ！！　これでは使えないじゃないか」
応対者Ａ「充電器が入っていないはずがありません」
お客様　「そんなことあるから電話しているんだ」
応対者Ａ「あの、どちら様で……」
お客様　「どちら様じゃない！！　責任者を出せ！」

【設問】

上記のような会話の後、あなたが責任者として電話を代わりました。

電話を代わった後のあなたの第一声として、最も適切なものを１つ選びなさい。

【選択肢】

1．「私、責任者の○○です。申し訳ございません。応対した者が失礼しました。どのようなご用件でしょうか？」
2．「私、責任者の○○です。申し訳ございません。お怒りは、ごもっともです。応対した者は、どのような言い方をしましたでしょうか？　指導いたしますので、詳しく教えてください」
3．「私、責任者の○○です。応対した者が大変失礼な応対をいたしました。電動歯ブラシの充電器がついていなかったようで申し訳ございません。すぐにお調べいたしますので、お買い上げの時間と商品名、お客様のご連絡先を教えていただけますでしょうか？」
4．「私、責任者の○○です。電動歯ブラシの充電器がついていなかったということでしょうか？　申し訳ございません。お怒りは、ごもっともでございます。当日、私どものだれが担当しましたでしょうか？」

問10 問題群2

電話での会話では、話をしっかり聴いてくれたかどうかが、信頼感を左右します。話をしっかり聴いてくれたかどうかの判断は、相づちの打ち方によるところが大きいのです。以下に、相づちの打ち方についての4つのポイントを挙げました。適切でないものを1つ選びなさい。

1．電話では、相手が聴いてくれているかどうか不安になるので、対面で話すときよりも意識して多めに相づちを打たないといけない。
2．相づちには、「なるほど、そういうことなんですね」などの「受け入れる相づち」と、「それ違いますよ」などの「断ち切る相づち」がある。無意識に使っている相づちの中に「断ち切る相づち」を多用していないかどうか、自分の相づちを点検してみる。
3．会話の中でリフレクティング（相手の最後のフレーズを短く繰り返す）を意識的にすることで、相手は聴いてくれている、という安心感を持つとともに、内容の確認にもなる。
4．顔の表情が見えない電話では、共感や疑問を伝えるためには声の表情が大事。そのためには、相づちはできるだけオーバー気味に打つことが望ましい。

問11　問題群1

PDFファイルで資料を作成します。資料はインターネットを通じて配布するとともに、配布後には、資料を印刷して使用する可能性もあります。この資料をユニバーサルデザインに対応したものとするとき、次の4つの選択肢の中で誤っているものを1つ選びなさい。

1．文字は見やすくなるよう14ポイント以上とし、UD（ユニバーサルデザイン）フォントを採用した。
2．行間や余白を多くとり、文字間も十分にとって、読みやすくした。
3．強調したい部分に赤や緑を使って、際立たせた。
4．図や絵を積極的に取り入れ、文字を減らした。

問12　問題群1

ビジネスシーンにおける握手についての問題です。適切なものはいくつありますか。選択肢の中から1つ選びなさい。

ア．握手は右手で行う。
イ．握手は相手の指先を軽く握る。
ウ．お辞儀をしながら握手をするとより丁寧である。
エ．ビジネス慣習では男女どちらから先に握手を求めてもよい。
オ．地位の高い人との握手は、目下の人から手を差し出す。

【選択肢】
1．なし
2．1つ
3．2つ
4．3つ

問13　問題群1

アメリカ出身の方と商談する機会がありました。次の中で、相手に対して失礼な行為だと思われるものを1つ選びなさい。

1．脚を組んで会話した。
2．相手の話に納得して腕を組んだ。
3．グッドジョブの意思表示で親指を立てた。
4．商談中はできるだけアイコンタクトをした。

問14　問題群3

あなたは、ある業務のチームリーダーをしています。メンバーの中のベテランＡさんはとても優秀な人ですが、若手に対してはいつも一方的できつい指導をしていることが気になっています。あなたは日頃から「もっと若い人の気持ちに寄り添ってほしい」と伝えているのですが、Ａさんの厳しい態度は変わりません。アサーティブに改善を求めたいと思います。どのように伝えればいいのでしょうか。アサーティブな伝え方として適切なものの組み合わせを、次の選択肢の中から1つ選びなさい。

ア．Ａさんを呼び出し、「あなたはいつも一方的で厳しすぎる。もっと優しく相手に寄り添った形で接してもらわないと、チーム全体が困ります」と、はっきり指摘する。
イ．「最近、新人への接し方が気になっているのですが、Ａさん自身、何か対応に困っていることなどありますか」とＡさんの事情を聞き出す。
ウ．直接指摘するとＡさんが気分を害するかもしれないので、「最近、指導が厳しすぎるという訴えがありました。まさかあなたじゃないですよね？」と、遠回しに伝える。
エ．Ａさんの熱心な気持ちもわかるが、最近の言動がチームへの影響を及ぼしていることを伝え、「若いメンバーを育てていくために一緒に協力をしてほしい」とお願いする。
オ．Ａさんとの関係が悪くなるので本人には何も言わず、周囲の若いメンバーに、Ａさんに怒られないように気を付けてほしいと伝えておく。

【選択肢】
1．アとエ
2．ウとオ
3．イとエ
4．アとオ

問15　問題群３

カウンセリング技法に関する次の文章のうち、【　】内にあてはまる最も適切な語句の組み合わせを、選択肢の中から1つ選びなさい。

電話応対の際、相手の気持ちは察しても、相手のニーズは【　ア　】する必要がある。また、フィードバックを行うと相手に対して【　イ　】や労いの気持ちが伝わりやすい。さらに、【　ウ　】を行うことで相手に肯定感が生まれる。具体的には「頂いたご意見を是非、今後の商品開発に活かしたいと思います」といった応対である。

【選択肢】

１．	ア：解釈	イ：好意	ウ：評価
２．	ア：確認	イ：同情	ウ：解釈
３．	ア：伝達	イ：ストレス	ウ：直面化
４．	ア：確認	イ：共感	ウ：意味づけ

問16　問題群３

電話応対において、お客様のメッセージを正確に受け取るための方法として最も適切なものはどれですか。次の中から1つ選びなさい。

１．電話の受け手は、お客様のメッセージを受け取った後、要約してお客様にフィードバックしてみるとよい。

２．お客様のメッセージを受け取るかどうかは、そのときの電話の受け手の体調や状況によって決めてもよい。

３．電話の受け手がお客様のメッセージを正確に受け取ることができたとき、それは自然にお客様に伝わるものである。

４．お客様のメッセージを正確に受け取るためには、電話の受け手がまず自分の考えをお客様に伝えておくことが大切である。

問17　問題群3

だれもが率直に、思ったことを言い合える環境を作り上げることは大切であり、これは心理的安全性として表現されることがあります。以下の記述のうち、心理的安全性という考え方と違うものはどれですか。1つ選びなさい。

1．お互いに助け合える環境を作ることである。
2．チームの中の、お互いの話しやすさを高めることである。
3．自分が「ミスをしてしまった」などといった責任がかかわるものは、隠すことも仕方ない。
4．違和感であったり、場合によっては、社会や業界の常識にとらわれない発想を、お互いが尊重することである。

問18　問題群3

ネガティブ·ケイパビリティ（Negative capability）とは、不確実なものや未解決のものを受容する能力を指しますが、以下の記述のうちネガティブ・ケイパビリティを説明するものとして、間違っているものはどれですか。1つ選びなさい。

1．答えがすぐにでないことから、逃げずに、これに「耐える」力を養うことが肝要である。
2．迷うこと、答えがすぐにはでないこと、居心地が悪いと思う人に「共感する」ことも必要となる。
3．短気に事実や理由を求めることはせず、その人が、不確かさ、疑問を持っている中にとどまることを「待つ」ことも必要である。
4．ある一定の時間と方法を提示し、その枠内で解決できない場合には、「割り切る」態度も必要である。

問19　問題群３

法改正により、職場におけるパワーハラスメント防止のために、雇用管理上必要な措置を講じることが事業主の義務となりました。これを踏まえ、顧客などからの暴行、脅迫、ひどい暴言、不当な要求などの著しい迷惑行為について、厚生労働省ではカスタマーハラスメントと呼んでおり、カスタマーハラスメント対策は急務であるとしています。

カスタマーハラスメントについての以下の記述のうち、誤っているものを1つ選びなさい。

１．企業や業界により、顧客などへの対応基準が異なることから、カスタマーハラスメントの明確な定義はまだないが、顧客などからのクレーム・言動の内容の妥当性に照らして、当該要求を実現するための手段・態様が社会通念上不相当なものであり、それによって労働者の就業環境を害されるものはカスタマーハラスメントであると考えられている。

２．カスタマーハラスメント対策を考える際において「労働者の就業環境が害される」とは、労働者が、人格や尊厳を侵害する言動により身体的・精神的に苦痛を与えられ、就業環境が不快なものとなったために能力の発揮に重大な悪影響が生じるなどの、就業するうえで見過ごすことのできない程度の支障が生じることを指す。

３．顧客などの要求の内容にかかわらず、要求を実現するための手段・態様が社会通念上不相当なものとされる可能性が高いものに、「精神的な攻撃（脅迫、中傷など）」は該当するが、「土下座の要求」は該当しないとされている。

４．企業各社であらかじめカスタマーハラスメントの判断基準を明確にした上で、企業内の考え方、対応方針を統一して現場と共有しておくことが重要である。

問20　問題群１

個人情報保護法やマイナンバー法の罰則についての記述で、適切なものはどれですか。次の中から1つ選びなさい。

1．個人情報保護法の罰則は、刑事罰について規定したものである。
2．個人情報保護法はマイナンバー法に比べて罰則の種類が多く、法定刑も重くなっている。
3．個人情報保護委員会の命令違反に対する罰則は、50万円以下の罰金となっている。
4．従業員が不正に個人情報データベース等を提供または盗用した場合でも、罪に問われない。

記述問題

以下の設問を読んで、別紙の解答用紙に解答を記入してください。

【設問】

普段「話し言葉」でよく使っている言葉であっても、「漢字」で書かれた場合、読むのが難しいことがあります。①～⑮までの言葉の漢字の部分をどのように読みますか。□の中にひらがなで書きなさい（□の数がヒントです）。

①敢えて　□
②概ね　□□□
③然し　□□
④即ち　□□□
⑤凡てに　□□
⑥殊に　□□
⑦翻って　□□□□
⑧漸く　□□□
⑨如何に　□□
⑩直ぐに　□
⑪直ちに　□□
⑫終に　□□
⑬先ず　□
⑭若しも　□
⑮殆ど　□□□

記述問題解答用紙

1.	①	②	③
2.	④	⑤	⑥
3.	⑦	⑧	⑨
4.	⑩	⑪	⑫
5.	⑬	⑭	⑮

論　述　問　題

以下の設問を読んで、別紙の解答用紙に解答を記入してください。

【設問】

高齢化社会が進む中で、高齢のお客様との電話応対が増え、そのあり方が今まで以上に重要になっています。

「高齢のお客様との電話応対」で、話を聴いて理解するとき、またこちらから必要な内容を伝えるときについて、それぞれどのようなことに気をつけたらよいでしょうか。400字程度で書きなさい。

【解答用紙の使い方について】

- 400字のマス内に、タイトルやご自身の名前を書く必要はありません。
- 原則1マスに1字を書きますが、行末の句読点を欄外に書くか、行末マス内に書くか、行頭のマスに書くかは、どれでも構いません。
- 文章全体の構成として、改行する･しないのルールは、ご自身で適宜決めていただいて結構です。
- 「400字以内」「400字程度」の目安として、最低字数は横書き解答用紙17行目以上、字数オーバーの場合は、22行以内とします。

論述問題解答用紙

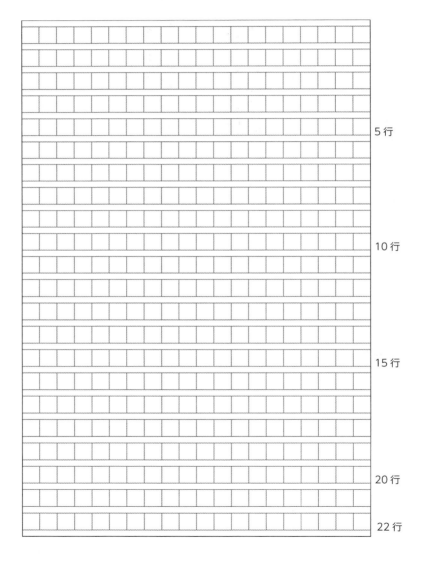

第30回　解答と解説

基本問題

【問1】　4

(解説)

欧米の言語は、主に強弱（ラウドネス）を瞬時に変化させるアクセント（ストレス・アクセント）です。それに対して、日本語は、瞬時に高低の変化をつけるピッチ・アクセントで表現します。したがって、1．の記述は、音声表現の「高低」に直接関係しています。

イントネーション（抑揚）は、文や句の「音の高低」の流れのことです。下降や上昇などの違いで、話の意図や、意味の切れ目を示します。したがって、2．の記述は、音声表現の「高低」に直接関係しています。

センテンスの中で意味を強調（プロミネンス）する部分がある場合、多くはその部分を意図的に「高く」言うと、わかりやすいとされています。したがって、3．の記述は、音声表現の「高低」に直接関係しています。

「強弱」と「高低」は、音声表現では、別の要素です。そのため、「高く、かつ、強く」「高く、かつ、弱く」「低く、かつ、強く」「低く、かつ、弱く」のように、「強弱」と「高低」を組み合わせた音声表現が可能です。よって、4．の記述は、音声表現の「高低」に、直接は関係していません。

したがって、正解は4．です。

【問2】　4

（解説）

多くの場合、「どうか」は何かを願うとき、「どうぞ」は相手にすすめるときに使います。また、場合によっては、両方使うこともできます。

1．願う気持ちが強い場合は「どうか」を使います。ただし、挨拶程度の場合では「どうぞ」も使います。

2．一般には、すすめる意味で「どうぞ」を使います。しかし、是非とも試してほしいと願う場合は「どうか」を使います。

3．「どうぞ」と「どうか」の両方が使えます。

4．「明日はいい天気になりますように」は、願いです。言われた相手が天気を左右できるわけではないので、すすめる意味の「どうぞ」は使えません。

したがって正解は4．です。

【問3】　2

（解説）

それぞれの読み方は、以下のとおりです。

「世帯主（せたいぬし）」「神主（かんぬし）」「救世主（きゅうせいしゅ）」「株主（かぶぬし）」「持ち主（もちぬし）」「地主（じぬし）」「雇い主（やといぬし）」「施工主（せこうぬし）」「店主（てんしゅ）」「飼主（かいぬし）」

上記のうち、「ぬし」と読む言葉が8語、「しゅ」と読む言葉が2語です。したがって、正解は2．です。

【問4】　2

（解説）

以前より、家族制度やその意識が希薄な傾向があります。そのため、家族・親族に関する名称や知識について、うろ覚えの人が増えています。

1．×　１親等は、親と子の関係です。兄弟姉妹は、祖父母、孫と同じ２親等に当たります。

2．○　正しい記述です。「又いとこ（＝はとこ）」は、地方によって、ほかにもいろいろな言い方があります。また、文字で表すときは、「又従兄弟」「又従姉妹」です。

3．×　「伯父（おじ）」と「叔父（おじ）」は、厳密には違います。父母の兄、または父母の姉の夫のことは「伯父」と表します。父母の弟、または父母の妹の夫のことを「叔父」と表します。同様に、「伯母（おば）」と「叔母（おば）」は違います。

4．×　「岳父」は妻の父のことと限られています。一方、「義父」は、妻の父、または夫の父のことを表します。

【問5】　3

（解説）

「話し言葉」（口語文）での会話では、手紙などの文語文と違い、普通の言葉遣いでも許されます。ただし、あまりにも俗っぽい言葉は、パブリックでかつ厳粛な事柄の伝達の場合は避ける必要があります。

設問のような場合は、改まった言葉がふさわしいです。さらに、身内の死なので、謙虚な言葉を選ぶ必要があるため、尊敬語や尊敬語に類する言葉は使えません。

ただし、「亡くなる」は、相手側にも自分側にも使えるため、丁寧語と考えて問題ありません。「死ぬ」という事象だけは、人の尊厳を共通のものとします。そのため、身内の死を表現する場合にも、「亡くなる」という動詞を使えます。

《言葉群》に挙げられている言葉で、設問のような状況の場合に使って問題ないかどうかは、次のとおりです。

【使って問題ない言葉】

■死去しました　■死去いたしました　■亡くなりました

■永眠しました　■息を引き取りました　■他界しました

■身罷りました（「身罷る（みまかる）」は少し古風な言葉ですが、身内の死を表現するときには使えます）

【使えない言葉】

■死にました（俗っぽい表現であるため、使えません）

■お死にになりました（尊敬語のパターンであるため、身内のことを言うときには使えません。また、慣用的に言わない言葉です）

■死んでしまいました（俗っぽい表現であるため、使えません）

■死亡しました·死亡いたしました（一般に、身内や関係者の死を表現するときに使わない言葉です）

■お亡くなりになりました（尊敬表現であるため、身内の死を表現するときにはふさわしくない言葉です）

■逝去しました（「逝去」は、他人の死を敬って言う言葉です。身内の死を表現するときにはふさわしくない言葉です）

■ご逝去されました（尊敬表現であるため、身内の死を表現するときにはふさわしくない言葉です）

■ご逝去になりました（尊敬表現であるため、身内の死を表現するときにはふさわしくない言葉です）

■逝去いたしました（謙譲表現を使っていますが、「逝去」は他人の死を敬って言う言葉であるため、ふさわしくありません）

■崩御しました（「崩御」は、身分の高い人の死に対して使われる言葉です）

■大往生しました（「大往生」には、立派な死という意味もあります。そのため、身内には謙虚な表現のほうがふさわしいです）

■物故しました（「物故」は、客観的に「死」を表現するときに使う言葉です。また、口語では馴染まない言葉です）

【問6】 1

（解説）

「デジタイゼーション」「デジタライゼーション」「デジタルトランスフォーメーション」のそれぞれの特徴や違いを知ることで、「DXの推進」への理解が深まります。

「デジタイゼーション」とは、「局所的なデジタル変換」を意味する言葉です（たとえば、会社内の特定の作業を効率化するためにデジタルツールを導入するなど）。

「デジタライゼーション」とは、プロセス全体（会社内だけでなく、外部の環境や、ビジネス戦略など）をデジタル化することで、新たな価値を創造することです。

「デジタルトランスフォーメーション」とは、上記の「デジタライゼーション」の結果として、社会的な影響を生み出すことです。

【問7】 3

（解説）

特定の企業や個人を狙って、機密情報や個人情報を窃取しようとする攻撃を、「標的型攻撃」といいます。Webサイトやメールだけではなく、USBメモリを使った攻撃も存在しています。

標的型攻撃メールかどうかを見分けるためには、「件名」「差出人」だけではなく、「メールの本文」や「添付ファイルの有無」も確認する必要があります。

添付ファイルがウイルスを含んでいたり、メールの本文に不正なリンクが記載されており、クリックすることで、偽サイトに誘導され、機密情報や個人情報を窃取される可能性もあります。

【問8】　3

（解説）

Microsoft Edgeの「In Privateウィンドウ」やGoogle Chromeの「シークレットウィンドウ」を有効にすると、Webブラウザを閉じるときに、閲覧情報（履歴やCookieなど）を自動的に削除します。

端末（PCやスマートフォンなど）を不特定多数が利用する場合、「InPrivateウィンドウ」や「シークレットウィンドウ」は、個人情報の保護に効果的です。このような機能を有効にすることで、端末に様々な情報を残さずに済みます。

【問9】　3

（解説）

クレーム電話の二次対応についての問題です。クレーム電話の対応において大事なことは、「お客様の気持ちを受け止める」、「要求に対して提案する」の2つです。

設問の場合、お客様の怒りには、2つの原因があります。1つ目は「昨日買った電動歯ブラシに充電器がなかった」という、商品に対する不満。2つ目は「充電器が入っていないはずがありません」という、応対者の受け答えに対する不満です。

3．は、応対者の失礼を詫び、「申し訳ございません」という言葉で、お客様の気持ちを受け止めています。また、自分の名前（場合によっては、役職）を言い、その後、要求に対する提案（「充電器が入っていなかった」という発言に対して「詳しく調べる」という提案）をしています。お客様の怒りの原因2つに対応しているため、3．が最も適切です。

【問10】 4

（解説）

1．○　電話での会話は、対面のときよりも相づちを多めに打つとよいです。相づちの種類も、同じ相づちの単調な繰り返しは避けます。「ええ、わかります」、「なるほど」など、受け入れる相づちで変化をもたせます。

2．○　無意識に打っている相づちの点検をするのは、大事です。相手が話しやすくなるような相づちを心がけてください。

3．○　日常の会話でも、リフレクティング（相手の最後のフレーズを短く繰り返す）という相づちを増やしてみてください。

4．×　声の表情で、気持ちを明確に伝えることは大事ですが、相づちまでオーバーに言うと、かえって不自然です。声の表情を意識しつつも、普通に相づちを打ちます。

したがって、正解は4．です。

【問11】 3

（解説）

ユニバーサルデザインは、建築·住宅などの設備、公共施設、衣類、日用品など様々なところで取り入れられ、できるだけ多くの人が利用できるように作られています。そして、印刷物やプレゼンテーション資料にもユニバーサルデザインが広がってきています。

3．の「赤や緑」は、色覚多様性（色覚特性）の人には識別しにくい色です。強調したい部分には、別の色を使うとよいです。

したがって、正解は3．です。

【問12】　2

（解説）

ア．○　正しい記述です。

イ．×　握手をする際は、相手の手をしっかり握ります。指先だけで軽く握ると、自信のない印象を与える可能性があり、注意が必要です。

ウ．×　日本人は、お辞儀が習慣になっている人が多いです。そのため、お辞儀をしながら握手をする人が多くいます。しかし、お辞儀をすると、腰が曲がった状態で握手をすることになり、相手と十分なアイコンタクトが取れません。よって、お辞儀をしながら握手をするのは避けます。

エ．×　近年ビジネスでは、宗教上のタブーがない限り、性別を問わず、ビジネス上の地位が高い人から握手を求めることが原則です。エ．には、「地位の高さ」についての記述がないため、適切な選択肢とはいえません。なお、欧米のレディーファーストの慣習により、女性から握手を求められるまで、男性は握手を求めないという場面はあります。原則は原則として理解し、ビジネスかプライベートかにかかわらず、TPO（時・所・場合）に応じて柔軟に対応できると良いです。

オ．×　近年ビジネスでは、宗教上のタブーがない限り、性別を問わず、ビジネス上の地位が高い人から握手を求めることが原則です。よって、地位が高い人との握手は、相手が手を差し出すまで待つのが原則です。

【問13】　2

（解説）

1．日本では、脚を組む行為は失礼だとされます。しかし、アメリカでは、安心してあなたとじっくりコミュニケーションを取りたいという好意的な意思表示です。したがって、問題ありません。脚を組む場合は、相手から遠いほうの脚を上にして、話し相手を包むようにします。

2．アメリカでは腕を組む行為を敵対の意思表示と受け止めるとされていま

す。日本でも腕組みはよくないとされていますが、さらに注意が必要です。

3．親指を立てるという行為は、アメリカや日本では「Good job!」の意味合いがあります。したがって、問題ありません。ただし、他国では攻撃的な意味になる場合があるので、注意が必要です。

4．日本においてもアイコンタクトを取ることが推奨されるようになりました。特に、欧米の方との会話では、できるだけアイコンタクトを取ることが大事です。したがって、問題ありません。

【問14】 3

（解説）

設問のような場合（ベテランメンバーに、注意をするとき）は、自分の考えや気持ちを率直に言葉にする「アサーティブ」な伝え方が効果的です。攻撃的になるのでも、言葉を飲み込むのでもなく、自分も相手も尊重しながら、はっきりと意思を伝えるのが「アサーティブ」な伝え方です。

ア．は、Aさんへの伝え方が攻撃的です。「アサーティブ」ではありません。

イ．は、「Aさん自身、何か対応に困っていることなどありますか」と、Aさんの考えを聞き出しています。相手の立場や事情を理解しようとする姿勢なので、「アサーティブ」です。

ウ．は、間接的な伝え方であり、場合によっては攻撃的な伝え方にもとられかねません。したがって、「アサーティブ」ではありません。

エ．は、Aさんの立場も理解した上で、周囲への影響の大きさを伝えて協力を仰いでいます。「アサーティブ」な伝え方です。

オ．は、本人に伝えていないので、受身的な姿勢です。

したがって、正解は3．です。

【問15】　4

（解説）

ア．には、「確認」が入ります。ニーズをこちら側で勝手に判断せず、相手に直接確認することで、誤解を防げます。

イ．には、「共感」が入ります。イ．は、ほかの選択肢（「好意」「同情」「ストレス」）でも不正解とは断定できません。しかし、ウ．には、「意味づけ」が入ります。したがって、正解は4．です。「意味づけ」は、クレーム応対において、電話の切り際などに有効です。

【問16】　1

（解説）

電話の受け手は、相手の伝えたいこと（メッセージ）を、電話を通じて正確に受け取る必要があります。しかし、正確に受け取ったかどうかは、相手とすり合わせをしないと確認できません。

相手の伝えたいこと（メッセージ）を受け取った後、電話の受け手は、「正確に受け取った」ということを相手に要約するなどして、フィードバックします。フィードバックされた内容を受け取ることで、相手は「自分のメッセージが理解された」と感じることができます。したがって、正解は1．です。

2．は、不正解です。相手のメッセージを受け取るかどうかが、受け手の体調や状況によって変化するのは、望ましくありません。

3．は、不正解です。相手のメッセージを、電話の受け手が正確に受け取ったかどうかは、自然には伝わりません。

4．は、不正解です。電話の受け手は、自分の考えを伝えるよりも、相手のメッセージを聴くほうが大事です。

【問17】　3

（解説）

ミスを責める関係性や環境があれば、自分に不都合なことも隠してしまいます。そのため、本当に改善が必要なことが共有されません。自分のミスを話せる環境や関係を作ることも、心理的安全性にかかわります。

よって、3．の考え方は、心理的安全性という考え方とは異なります。

1．2．4．は、心理的安全性を高めるために必要な考え方とされています。

【問18】　4

（解説）

正解は、4．です。ネガティブ・ケイパビリティは、4．の記述にあるような、「割り切る」態度を、極力小さくするために意図された考え方です。よって、4．は、ネガティブ・ケイパビリティとは反対の考え方を説明している記述です。

1．2．3．の記述は、ネガティブ・ケイパビリティのいくつかの側面を説明しています。

【問19】　3

（解説）

正解は、3．です。「土下座の要求」は、要求内容の妥当性にかかわらず、社会一般の常識に反する言動とされる可能性が高いです。

【問20】　1

(解説)

1．個人情報保護法の罰則は、刑事罰について規定したものであり、民事賠償は含まれません。よって、適切な記述です。ただし、個人情報を漏えいした場合の賠償額は、１人あたり数千円〜数万円であり、被害者が多くなればなるほど、高くなります。また、信用低下・復旧など間接的な損害も発生します。

2．間違った記述です。個人情報保護法に比べると、マイナンバー法のほうが、罰則の種類が多く、法定刑も重くなっています。

3．間違った記述です。個人情報保護委員会の命令違反に対する罰則は、1年以下の懲役または100万円以下の罰金（自然人)、1億円以下の罰金（法人）になっています。

4．間違った記述です。従業員が不正な利益を図る目的で個人情報データベース等を提供または盗用した場合は罪に問われます。1年以下の懲役または50万円以下の罰金（自然人)、1億円以下の罰金（法人）となっています。

記　述　問　題

マスコミなどでは、ほとんどは、ひらがなで表記されます。しかし、「翻って」など、漢字で表記するものも、少数ですがあります。

【解答】（各1点　合計15点）

1.	①	あ
	②	おおむ（「おうむ」は×）
	③	しか
2.	④	すなわ
	⑤	すべ
	⑥	こと
3.	⑦	ひるがえ
	⑧	ようや
	⑨	いか
4.	⑩	す
	⑪	ただ
	⑫	つい
5.	⑬	ま
	⑭	も
	⑮	ほとん

※【解答】以外の解答は0点です。
※正解は、どの問題も1点です。
※字数が□の数と異なるものは0点です。

実技問題

<状況設定>
会 社 名：株式会社モシケン銀行
応 対 者：株式会社モシケン銀行 千代田支店 お客様サービス課
　　　　　宇佐美　詩音（うさみ　しおん）行員
応対日時：8月2日（水）13時00分

あなたは、株式会社モシケン銀行 千代田支店 お客様サービス課の宇佐美行員です。お客様サービス課では、口座をお持ちの個人のお客様の様々なサポートをしています。
外貨の定期預金の満期が近づいているお客様から電話がかかってきますので、応対してください。
その際、お送りしているご案内書に記載された外貨定期預金継続の場合の金利について、説明してください。なお、お客様の本人確認のため、電話番号とフルネームを聞くことになっています。

【株式会社モシケン銀行　千代田支店】

会社所在地	東京都千代田区神田駿河台1-6-5
お客様用電話番号	0120-20-6660
URL	https://www.jtua#.co.jp
メールアドレス	bank_chiyoda@jtua#.co.jp
業務内容	銀行業務全般
企業理念	いつでもそばに、夢の実現のパートナー
従業員数	30名
営業日	月曜日～金曜日　9：00 ～ 15：00 土日祝日･年末年始は休業

【円預金　商品内容】

普通預金	金利：0.01％
定期預金	金利（預入期間）：0.1％（1年）、0.2％（3年） 最低預入金額：100万円

【外貨　アメリカドル（米ドル）預金　商品内容】

普通預金	金利：0.1％
定期預金	金利（預入期間）：3.5％（1年）（2023年7月1日現在） 最低預入金額：100万円
注意事項	預金が満期を迎え、外貨を日本円で受け取るとき、預け入れたときより円高になっていると為替差損が発生し、日本円での受け取り金額が、当初の預け入れ金額より少なくなる（元本割れとなる）ことがあります。

【外貨定期預金の満期を迎えるお客様へのご案内書】

2023年7月20日

平松　誉　様

お客様の外貨定期預金が満期を迎えますので、今後の運用についてご案内申し上げます。
ご検討いただき、お返事を賜りますよう、お願いいたします。

●現在のご契約内容
米ドル定期預金（1年定期預金）2022年9月2日～2023年9月1日
預入金額　13,888米ドル　利息（金利3.0％）416.6米ドル
満期金額合計　14,304.6米ドル
想定為替レート　1米ドル135円の場合
受取金額シミュレーション　1,931,121円
1米ドル140円の場合
受取金額シミュレーション　2,002,644円

（参考情報）
満期を迎える2023年9月1日時点の為替レートを予測することはできませんが、仮に135円（2023年7月1日現在の為替レート）で、米ドルを円に替えて払い出した場合、為替差損が発生し、受取金額は1,931,121円となります。

●外貨定期預金継続の場合の金利（1年定期預金）
ご契約者様特別金利として、3.5％をご提案します。
外貨定期預金を継続される場合は、8月29日（火）までにご連絡をお願いします。
ご連絡のない場合には外貨普通預金としてお預かりします。
●連絡先
モシケン銀行 千代田支店 お客様サービス課
電話：0120-20-6660
メールアドレス：bank_chiyoda@jtua#.co.jp

【お客様管理システム画面】

お客様名	平松　誉（ひらまつ　ほまれ）
生年月日･年齢	1956年6月20日（67歳）
住所	東京都千代田区東神田2-6-9
電話番号	03-5820-2071
メールアドレス	hira.homare@#user.ne.jp
職業	元会社員（2022年3月退職）

定期預金口座情報

契約内容	取扱外貨：アメリカドル（米ドル） 預入期間：1年（2022.09.02 ～ 2023.09.01） 金利：3.0％ 元本：2,000,000円　1米ドル144円で預け入れ　⇒　13,888米ドル

運用実績	満期金額：14,304.6米ドル （元本：13,888米ドル　利息：416.6米ドル） 1米ドル135円の場合：1,931,121円 （元本：1,874,880円　利息：56,241円） 1米ドル140円の場合：2,002,644円 （元本：1,944,320円　利息：58,324円） 2023年7月1日現在の為替レート　1米ドル135円

応対履歴

日時	応対方法	内容
2022.08.10_ 14：00	ご来店	資産運用にご興味があるということでご来店。モシケン銀行での取扱商品全般をご説明する。
2022.09.01_ 11：00	ご来店	米ドル1年定期預金2,000,000円でご契約。外貨預金は初めてということで、注意事項について詳しくご説明し、同意書に署名（サイン）をいただいた。（預入日9月2日）
2023.07.20	郵送	米ドル1年定期満期のご案内資料を郵送。

応対時間は3分以内（応対部分のみを測定）。

模　擬　応　対　者	応　対　者
	（着信音）
	①「・・・・・・・・・・・・・・・・」
②「・・・・・・・・・・・・・・・・」	
	③「・・・・・・・・・・・・・・・・」
④「・・・・・・・・・・・・・・・・」	
	⑤「・・・・・・・・・・・・・・・・」
⑥「・・・・・・・・・・・・・・・・」	
	⑦「・・・・・・・・・・・・・・・・」
⑧「・・・・・・・・・・・・・・・・」	
	⑨「・・・・・・・・・・・・・・・・」
⑩「・・・・・・・・・・・・・・・・」	
	⑪「・・・・・・・・・・・・・・・・」
模擬応対者から電話を切ります。	
	（終了）

※模擬応対者はあらかじめ決められた状況に沿って応対しますが、その内容は応対者には開示されません。

※模擬応対者は状況設定内で、応対者に合わせて質問に答えたり相づちを打ったりします。したがって、応対者の質問によりスクリプトの番号は、増えても減っても構いません。

※模擬応対者は、応対者に合わせて原則自由に会話展開ができますが、時間オーバーとならないように配慮することとなっています。たとえば、模擬応対者の発言の中には確認のための復唱も含まれますが、模擬応対者は、簡潔に必要事項を復唱することとしています。

※受検者の言葉が聞き取れないときや応対者の質問に答えられないときに、模擬応対者から質問することがあります。

※想定にないことは自由に会話して構いませんが、加点にも減点にもなりません。

※文中の会社／団体名·人物氏名·住所·電話番号などはすべて架空のものです。

◆模擬応対者の方へ◆

実技問題を確認の上、下記の模擬応対者情報並びに発言例を基に応対してください。
また、問題に書かれている注意事項に沿って応対してください。
模擬応対者は、1名です。男女を特定していません。

【模擬応対者情報】

氏名	平松　誉（ひらまつ　ほまれ）
生年月日·年齢	1956年6月20日（67歳）
住所	東京都千代田区東神田2-6-9
電話番号	03-5820-2071
メールアドレス	hira.homare@#user.ne.jp
プロフィール	夫婦2人家族。2022年3月に長年勤務した会社を退職し、現在は毎日自宅でゆっくり過ごしている。

≪模擬応対者の状況≫

あなた（平松　誉〔ひらまつ　ほまれ〕）は、元会社員です。
2022年の3月に定年退職し、今は年金で暮らしています。退職金を少しでも増やせないかと思っていたところ、去年の夏にモシケン銀行で外貨預金をすすめられて、契約しました。1年定期預金なので、そろそろ満期を迎えるころです。日本円より預金利息が多いと聞いていたので、いくら増えているのか気になっています。
ちょうどモシケン銀行から、定期預金満期のお知らせが郵便で届きました。定期預金として継続する場合は、銀行に連絡する必要があるようです。書類には、現在預けているアメリカドルを、日本円に替えて払い出した場合の想定受け取り金額が書いてありますが、それを見て驚きました。預けた金額より少なくなっているのです。
これは話が違う、株式と違って定期預金だからリスクもないだろうと思っ

て預けたのに、いったいどうなっているんだと怒りがこみ上げてきました。早速銀行に電話をして、この書類に間違いがあるのではないかと確認することにしました。

■模擬応対者の発言例

- 第一声は、以下のとおりに言ってください。※怒って言ってください。

②外貨定期預金の満期の書類が送られてきたのですが、その件でわかる方をお願いします

その後は、相手に合わせて、次のように答えてください。

- 名前を聞かれた場合。

平松　誉です

- 電話番号を聞かれた場合。

03-5820-2071 です

- 詳しい話を聞きたいと言われた場合。

外貨定期預金の受取金額が少なくなっているんですが、どういうことですか

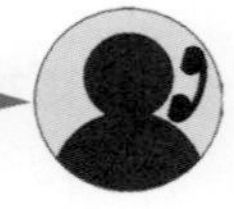

- 外貨定期預金は国内（日本円）の定期預金より金利が高く設定されているが、為替の変動によって、当初の預け入れ金額より少なくなる場合もあると説明された場合。

そんなことを今更言われても困ります。お宅の銀行から、金利が日本円よりいいとすすめられたから、外貨預金を契約することにしたんですよ

- 契約時に注意事項を説明したと言われた場合。

そうなんですか、よく覚えていません

・昨年の9月1日にご来店いただき、為替変動によるリスクについて説明し、同意書に署名（サイン）をいただいたと言われた場合。

それなら、そうだったのでしょう

・次の項目についての説明がなかった場合、説明が不足している内容を質問してください。

①為替変動による元本割れのリスクがあること
②契約の説明を受けた日にちと場所
③契約の意思確認（同意書に署名したこと）

○○について説明してください（○○については、どうなっていますか）

・ひととおり説明を受けたら、

わかりました。でも私の気持ちもわかっていただきたいです

◎こちらの気持ちを受け止める言葉があったら、怒りを鎮めてください。

・今後の運用方法について提案をしたいと言われた場合。

わかりました

・案内書のポイントを説明したいと言われた場合。

わかりました

・特別金利について説明があった場合。

今回のように元本割れすることはありませんか

・特別金利での定期預金は元本割れすることはありませんと言われた場合。

理由を教えてください

• 元本割れしない理由を説明された場合。

わかりました

• 特別金利での定期預金は、為替の状況によっては元本割れの可能性があると言われた場合。

外貨ではない定期預金はありますか

• 外貨ではない定期預金の説明を受けた場合。

わかりました

• 外貨定期預金を継続するか確認された場合。

検討してから連絡します

• ほかに確認したいことがあるか、聞かれた場合。

ありません

そのほか、相手の質問に合わせて適宜答えてください。

◎最後は相手の言葉に合わせて、模擬応対者から電話を切ります。

＜注意事項＞

＊発言はできるだけこのまま言ってください。

＊意味が変わらなければ言いやすい言葉に変えても構いませんが、余計な発言を追加したり応対者を誘導したりしないでください。

＊説明にわからない部分があった場合は、質問してください。

＊相手に合わせて適宜答えることの中に確認のための復唱も含まれますが、模擬応対者は、簡潔に必要事項のみ復唱してください。

＊受検者が言葉に詰まり、黙ってしまった場合は、一呼吸か二呼吸（5秒ほど）待って前の発言を繰り返してください。

＊受検者が誤った受け取り方をした場合、「違う」と言って前の発言を繰り返してください（模擬応対者が要約しないでください）。

「もしもし検定」２級
過去問題集

受検番号　8ケタ	氏　　名

電話応対技能検定２級（2023年２月実施）

電話応対技能検定（もしもし検定）

２級　【第56回】

＊机上に置けるものは、筆記用具、時計（他の機能のないもの）のみに限ります。その他のものは各自の足元に置いてください（携帯電話・電子辞書等の使用は禁止）。

＊解答用紙への記入は、ＢまたはHBの黒鉛筆、シャープペンシルを使用してください。
また、記載内容を訂正する場合は、消しゴムできれいに消してから記入してください。

＊問題用紙と解答用紙に分かれています。

＊受検番号と受検者氏名は、問題用紙と解答用紙の両方に記入してください。

＊筆記試験は、基本問題が20問、記述問題が１問です。制限時間は60分です（試験開始30分を経過した後、退出することができますが、退出後の再入室はできません）。

＊問題用紙は試験官の指示があるまで、開かないでください。

＊試験終了後、問題用紙は回収しますのでお持ち帰りにならないでください。

＊解答用紙は、基本問題はマークシート、記述問題は別紙解答用紙に記入してください。

＊実技試験につきましては、説明員の指示に従ってください。

問3	問題群1

「弟が買っておいた柿を食べてしまった」を、話し言葉で伝える場合、「弟が買っておいた」のか「私が買っておいた」のかは、文に意味の切れ目をつけなければわかりません。文に意味の切れ目をつけるとき、音声上は、どの手段を用いれば可能でしょうか。4つのうち、1つだけ当てはまらないものがあります。どれですか。

1．適切なイントネーション（抑揚）でわからせる。
2．適切なポーズ（間）でわからせる。
3．イントネーションもポーズも適切に併用してわからせる。
4．適切なアクセントでわからせる。

問4	問題群1

「言」という漢字は「ゲン」と読んだり「ゴン」と読んだりして、うっかり間違って言う場合があります。次の4つの選択肢の中で間違った記述はどれですか。1つ選びなさい。

1．一言居士・大言壮語・有言実行の「言」はいずれも「ゲン」と読む。
2．言語道断・他言無用・悪口雑言の「言」はいずれも「ゴン」と読む。
3．苦言・言動・文言の「言」はいずれも「ゲン」と読む。
4．無言・遺言・伝言の「言」はいずれも「ゴン」と読む。

問5 問題群1

取引先に提出するファイルについて、上司から「PDFに変換してから提出するように」と指示がありました。その指示の背景にある、PDFの特徴として誤っているものを1つ選びなさい。

1．ファイルに記載された内容を、他者に改編されにくくする。
2．元のファイルよりも、ファイルサイズを小さくできる。
3．PDF専用の閲覧ソフトがないと閲覧できない。
4．パスワードを設定すれば、内容を保護できる。

問6 問題群1

マルウェアの一種であるEmotetの特徴として、適切なものはどれですか。次の中から1つ選びなさい。

1．ウイルスの増殖機能が強く、自ら複製を作って感染を拡大することで別のデバイスに感染する。
2．通常のファイルのように偽装して、潜伏する悪意のあるマルウェアであり、あるきっかけを通じて、不正行為を行う。
3．侵入したコンピュータを遠隔操作し、攻撃者の指示によって不正行為を実行するマルウェアである。
4．実在する組織になりすましたり、実際に業務で送受信された電子メールの文面を使用するといった巧妙な標的型攻撃に利用される。

問7　問題群1

DXによる変革規模は、デジタルオプティマイゼーションとデジタルトランスフォーメーションに分けられます。デジタルオプティマイゼーションに該当する選択肢はどれですか。次の中から1つ選びなさい。

1．RPAやWeb会議の導入によって業務が効率化される。
2．新たな提供価値が生み出される。
3．業界内の構造が変革される。
4．プラットフォームビジネスが展開される。

問8　問題群3

在宅勤務中に会社全体でのWeb会議に主催者として参加しているAさん宛に、オフィスの固定電話（部門の代表電話）へ電話がかかってきました。あなたもオフィスの自席で、Aさんと同じWeb会議に参加していますが、Web会議を一時退席して、かかって来た電話に応答しました。Aさんに電話があったことを早急に伝える必要があるとき、その伝え方として、不適切なものを1つ選びなさい。

1．業務利用のメールアドレスで伝える。
2．業務利用のチャットツールで伝える。
3．Aさんの携帯電話に通話で伝える。
4．Web会議ツールのチャット機能で伝える。

問9　問題群3

お客様とのトラブルや苦情に応対する電話の心得として、基本を述べた文があります。［　　］の空欄にふさわしい言葉が正しく並んでいる選択肢を1つ選びなさい。

＜苦情電話に応対する際の心得の基本＞
苦情電話の応対は、相手を納得させることを目指します。この時、［　　］の納得だけでなく、［　　］の納得まで深めるのがよい応対と言えます。
苦情電話を受けると、ついこちらの［　　］性を主張しがちになりますが、そのための説明や意見や願望などを述べることを急がず、まず、相手の話を充分［　　］することが基本的な心構えです。

【選択肢】
1．感情⇒理屈⇒正当⇒確認
2．理屈⇒感情⇒合理⇒確認
3．感情⇒理屈⇒合理⇒傾聴
4．理屈⇒感情⇒正当⇒傾聴

問10　問題群2

ビジネスの場面では、マナーとして、尊称（尊敬語）と謙称（謙譲語）の使い分けができることが大事です。尊称（尊敬語）と謙称（謙譲語）の組み合わせが誤っているものはどれですか。次の中から1つ選びなさい。

【尊称（尊敬語）】	【謙称（謙譲語）】
1．御社	私ども
2．ご芳名	名前
3．息子様	息子
4．お宅	拙宅

問11　問題群1

トラブルが発生し、取引先へ謝罪に行きました。受付のスタッフが応接室まで案内し、入室の際に「奥の席におかけになってお待ちください、すぐ参ります」と声をかけてくれました。

この状況において、最も適切な行動はどれですか。選択肢の中から1つ選びなさい。

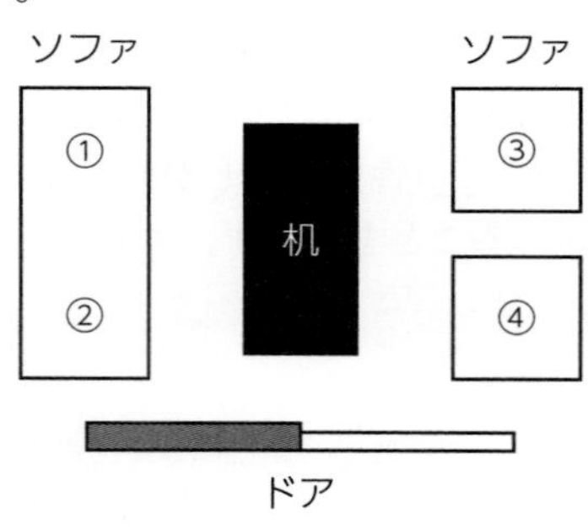

1．①に座って待っていた。
2．②に座って待っていた。
3．③に座って待っていた。
4．④に立って待っていた。

問12　問題群1

封筒のマナーです。二重封筒で送らないものはどれですか。次の中から1つ選びなさい。

1．病気見舞いの手紙
2．弔事の手紙
3．目上の人への礼状
4．周年記念の祝い状

問13 問題群１

タブーとされている箸使いの説明として、間違っているものはどれですか。次の中から1つ選びなさい。

1．迷い箸：どれを食べようかと迷って箸先をあちこち動かすこと。
2．刺し箸：話をしながら、相手に向かって箸先を向けること。
3．移し箸：Ａさんの箸からＢさんの箸に直接食べ物を渡すこと。
4．渡し箸：箸をお茶碗など器の上に渡して置くこと。

問14 問題群１

個人的なお祝いで贈り物を頂いたときは、返礼をするのが習わしですが、お返しの品を贈らず、礼状だけで構わない場合があります。以下のお祝いのうち、返礼に礼状だけで構わないとされているお祝いはどれですか。次の中から1つ選びなさい。

1．昇進祝い
2．出産祝い
3．快気祝い
4．長寿祝い

問15　問題群3

あなたは、あるチームの安全推進業務を担当しています。3カ月前に新しいマニュアルができて、今後はそれを使用することに決まりました。ところが、先輩のAさんが新しいマニュアルを使用してくれません。何度かお願いしているのですが、Aさんは「自分は間違えないし、前のやり方が慣れているから」と言うばかり。なんとか、Aさんに新マニュアルの順守をお願いしたいと思っています。

アサーティブな伝え方として適切なものの組み合わせを、選択肢の中から1つ選びなさい。

ア.「マニュアルを守っていないのはAさんだけですから、とにかく守ってもらわないと困ります」と、はっきり指摘する。
イ. 面と向かって言うと角が立つので、新マニュアルと使い方のメモをAさんの机に置いておく。
ウ.「新マニュアルが徹底されないことで、○○というリスクがあるため、私自身とても心配しています」と自分の気持ちを誠実に開示する。
エ.「新マニュアルで使いづらい点などありますか」と、Aさんの意見を聞いてみる。
オ.「新マニュアルに従っていないのは、Aさんだと聞きましたよ」と、朝の全体会議で、上司から本人へ直接注意をしてもらう。

【選択肢】
1. アとエ
2. イとオ
3. ウとエ
4. アとウ

もしもし検定

問16　問題群３

以下のコミュニケーション手法·技法のうち、アクティブリスニング（積極的傾聴）の手法·技法とはいえないものは、いくつありますか。次の選択肢から1つ選びなさい。

ア．うなずき
イ．相づち
ウ．繰り返し
エ．要約
オ．開かれた質問
カ．閉ざされた質問
キ．言い換え

【選択肢】
1．１つ
2．２つ
3．３つ
4．なし

問17　問題群３

ダイバーシティが注目され、企業ではますます推進されています。次の4つの事例のうち、ダイバーシティの取り組みに当てはまらないものを1つ選びなさい。

1．社内でのコミュニケーションは英語で行う。
2．若手社員は出社して業務を習得する。
3．フレックスタイムを活用し仕事と家庭を両立する。
4．多目的トイレを会社内に設置する。

問18　問題群３

メディエーションでは、当事者の発言を受け止める際に、言い換えたりすることがあり、電話応対でも受け止めが大事な場面があります。相手から「優柔不断で決められない」という発言があった場合の受け止め方として不適当なものはどれですか。1つ選びなさい。

1．「せっかちと言われるよりもいいじゃないでしょうか」と言う。
2．「早めに周りに相談して判断のスピードを上げていきたいということでしょうか」と言う。
3．「判断に慎重ということですか」と言う。
4．「周囲に配慮をされているのですね」と言う。

問19　問題群３

メディエーションは、当事者と対面の場合を前提とした対話の技法ですが、最近は、Web会議システム（Web会議）を用いた、実際の対面を前提としない対話も実施されるようになりました。

以下のうち、その違いに応じた適切な対応はどれですか。1つ選びなさい。

1．両当事者が直接の対話を希望する場合でも、当事者間の対立が強い場合は、対面を避け、Web会議で実施する。
2．Web会議を用いた対話を実施する場合には、両当事者のITリテラシーについて配慮する。
3．両当事者がWeb会議での対話を希望した場合でも、直接対話をすることで解決することが見込まれる場合は、Web会議を避け、直接の対話を実施する。
4．Web会議を用いた対話をする場合は、後に紛争にならないように、録画をすることを原則とする。

問20　問題群１

個人情報を第三者に提供するにあたって、個人情報保護法はいくつかのルールを定めています。以下のうち、誤っているものはどれですか。次の中から1つ選びなさい。

1．第三者に提供するにあたり、あらかじめ本人の同意を得なければならない。
2．第三者は、自然人（個人のこと）、法人、その他の団体を含む。
3．企業の代表者情報（役職や住所）の提供を第三者から求められた場合は、代表者の同意は常に必要でない。
4．第三者には、同一事業者内他部門は含まれない。

記述問題

以下の設問を読んで、別紙の解答用紙に解答を記入してください。

【設問】

「文字」に関するいろいろな知識を述べた文の空欄（□の部分）に、適切な言葉や文字を入れてください（□の数がヒントで、漢字･ひらがなが入ります。漢字の間違いは減点します）。

1．漢字を読むとき、中国の漢字音で読むのを①□読みと言い、それに対して漢字の意味に対応した日本語で読むのを②□読みと言う。
2．明治の初め、江戸から③□□と名を改めた日本の首都は、④「□□□□□」（呉音）と「とうけい」（漢音）の２つの読み方が併存した。
3．印刷文字のうち、ゴシック体とともに書籍や新聞によく使われる⑤□□体の書体の特徴は、縦の画が⑥□く、横の画が⑦□く、横画の終わりの部分にウロコと呼ばれる装飾が付いている。
4．言葉や文を区切る符号として、⑧□□点があるが、すべての公用文で使われるようになるのは、意外に新しく、昭和21年からである。ちなみに、「。」が⑨□点で、「、」が⑩□点である。

記述問題解答用紙

1.	①	②
2.	③	④
3.	⑤	⑥
4.	⑦	⑧
5.	⑨	⑩

第56回　解答と解説

基　本　問　題

【問1】　4

(解説)

1．×　正しくは「止むを得ない」です。

2．×　正しくは「肝に銘じて」です。

3．×　正しくは「活を入れた」です。

4．○　「掻き入れ時」と間違えやすいので、注意が必要です。

【問2】　2

(解説)

「敬語は『正しく、ふさわしく、簡素に』用いる」という考えからすると、二重敬語や過剰敬語は好ましいものではありません。

二重敬語は、原則、同一フレーズの中に同種の敬語表現が重なって使われることを指します。たとえば、尊敬語が重なった場合や、謙譲語が重なった場合や、丁寧語が重なった場合は、二重敬語に該当します。

1．「召し上がりましたか」という尊敬語に、「れる」という尊敬の助動詞を重ねているので、二重敬語です。

2．「ませんでした」は「ます＋です」と丁寧語が重なっているようですが、否定形の「ません」と過去形の「でした」を併せて使うのは、現代では慣用として問題ありません。

3．「なさったのですか」という尊敬語に、「れる」という尊敬の助動詞を重ねているので、二重敬語です。

4．「ありません」という敬語に、丁寧語の「です」を重ねているので、丁寧語同士の二重敬語です。

したがって、正解は2．です。

【問３】　４

（解説）

音声での表現手段は、大きく分けると３つあります。

１つ目は、「イントネーション（抑揚）」です。「イントネーション（抑揚）」とは、文や句の、音の高低の流れのことです。

２つ目は、「アクセント」です。「アクセント」は、単語の、音の高低の位置のことです。

３つ目は、「ポーズ（間）」です。「ポーズ（間）」は、句と句の間に入る、無音の長さのことです。

1．文全体を、高から低へ、緩やかに下がるように表現すると、「弟が買った」という意味の文に聞こえます。また、「弟が」で、いったん下げて、「買って」以降から、音の高さを立て直すと、「買っておいた」のが弟ではなくて話者（私）という意味に聞こえます。つまり、「イントネーション（抑揚）」の表現によって、意味の切れ目が変わります。したがって、適切なイントネーションで表現することで、文に意味の切れ目をつけることが可能です。

2．「弟が」の後、適切に「ポーズ（間）」を取ると、柿を「買っておいた」のが弟ではなくて話者（私）という意味に聞こえます。つまり、文の適切な位置に「ポーズ（間）」を取ることで、そこに意味の切れ目をつけることが可能です。

3．適切な「イントネーション（抑揚）」に加え、「ポーズ（間）」も併用すると、意味の切れ目を、より明確に伝えられます。

4．「アクセント」は、複合語かどうかなど、単語と単語の結びつきを明確にする場合や、「牡蛎」か、それとも「柿」かなどを明確に伝える場合には、大切な音声表現です。しかし、文の意味の切れ目を伝える効果はありません。

したがって、正解は４．です。

【問4】 3

(解説)

「言」を「ゲン」と読む場合は漢音、「ゴン」と読む場合は呉音です。どちらの読み方で読むかは、その言葉が日本に伝来した時代によります。

1.「一言居士（いちげんこじ）」「大言壮語（たいげんそうご）」「有言実行（ゆうげんじっこう）」で、いずれも「ゲン」と読みます。
2.「言語道断（ごんごどうだん）」「他言無用（たごんむよう）」「悪口雑言（あっこうぞうごん）」で、いずれも「ゴン」と読みます。
3.「苦言（くげん）」「言動（げんどう）」「文言（もんごん）」で、「文言」の「言」だけは「ゴン」と読みます。
4.「無言（むごん）」「遺言（ゆいごん）」（法律用語では、「いごん」）「伝言（でんごん）」で、いずれも「ゴン」と読みます。

したがって、正解は3．です。

【問5】 3

(解説)

PDFは、紙に印刷された文書に近い形で保存できるファイルです。

内容や情報を他者に改編されにくく、圧縮されたファイルを生成できます。

また、パスワードを設定したり、印刷やコピーを規制することで、内容や情報を保護できます。

PDFは汎用的なファイルで、無料の閲覧用ソフトだけでなく、ブラウザでも開けます。したがって、正解は3．です。

【問6】 4

(解説)

「Emotet」は猛威をふるっているマルウェアです。実在する組織になりすましたり、実際に業務で送受信されたメールの文面を使用するといった、巧妙な「標的型攻撃」に利用されます。

「Emotet」に感染すると、感染したPC内のメールやメールアドレスが流出

したり、不審なメールが勝手に送信される可能性があります。
1．「ワーム」の説明です。
2．「トロイの木馬」の説明です。
3．「ボット」の説明です。
4．「Emotet」の説明です。
したがって、正解は4．です。

【問7】　1

（解説）

DXによる変革規模は、「デジタルオプティマイゼーション」と「デジタルトランスフォーメーション」に分けられます。

中でも「デジタルオプティマイゼーション」は、業務効率化に相当し、RPAやWeb会議の導入、ペーパーレス化などが該当します。したがって、正解は1．です。

2．3．4．は、事業変革、市場での立ち位置の変革、社会での変革に相当し、「デジタルトランスフォーメーション」の本質といえます。

【問8】　3

（解説）

設問のような場合は、文字で伝えることを優先して考えます。

1．2．4．は文字で伝える方法ですが、3．だけは音声で伝える方法です。したがって、正解は3．です。

また、多くのケースにおいて、会議主催者は、会議中に電話に応答することはできません。そのため、電話をかけるのは避けます。

【問９】　4

（解説）

正解は、４．の「理屈⇒感情⇒正当⇒傾聴」です。

相手を説得する場合、頭（理屈）でわかるように説明することも大事です。しかし、苦情などのように、相手が「怒り」などの攻撃的な感情を抱いている場合は、注意が必要です。

苦情電話など、相手が攻撃的な場合は、こちらの言い訳（正当性）を伝えることを焦らずに、まずは、相手の言い分をしっかりと聴き（傾聴し）ます。それから、的確に情報を捉えるとともに、相手に共感することや、感情を吐き出させることが大切です。

【問10】　3

（解説）

１．２．４．は、尊称と謙称のどちらも正しいです。

３．の場合は、「息子様」ではなく、「ご子息」が正しい尊称です。謙称は、「せがれ」でも問題ありません。また、娘の場合、尊称は「娘様」ではなく、「お嬢様」または「ご息女」です。ただし、話し言葉の場合は、話す相手との距離感によっては、「息子さん」や、「お嬢さん」と呼びかけても問題ありません。

４．の「お宅（御宅）」は、相手の家や自宅や家庭を指す尊称ですが、会話の中で、「あなた」という意味で使うと、不快に感じる人もいます。「あなた」と言うときは、「○○さん」と名前で呼びかけるなど、「お宅」と言うのは避けます。

【尊称と謙称】

尊称：相手への尊敬を込めて呼ぶ表現（例：貴社、貴店、貴院）

謙称：自分や自社側をへりくだって呼ぶ表現（例：弊社、小社、弊店）

【問11】　4

（解説）

部屋に通された後に「奥の席におかけください」と言われた場合、通常の訪問であれば、上座側の①の席に座って相手を待ちます。しかし、今回は謝罪をするための訪問です。そのため、席には座らず立ったままで待機し、相手が入室したらドアの方向に歩み寄り、速やかに謝罪をします。

洋室では、姿勢によって、相手との関係性を図ります。相手（謝罪を受ける側の人）が立っているのに、謝罪をする側の人が座っているのは失礼です。

【問12】　2

（解説）

封筒には、紙を一枚仕立てで作られた一重のものと、内側に内紙が貼られた二重のものがあります。内側が二重構造になったものが「二重封筒」です。

弔事の手紙を送る際は、「死が繰り返されないように」との考え方から、一重の封筒を使います。したがって、正解は２．です。

病気見舞いの手紙も、一重の封筒が望ましいという意見がありますが、病気は弔事ではないため、「二重封筒」を使っても問題はありません。病気見舞いとしてお金を包むときに、赤白の水引が付いた袋を用いることからも、病気見舞いが弔事ではないことがわかります。

【問13】　2

（解説）

「刺し箸」は、食べ物に箸を突き刺して食べる行為です。芋の煮転がしなど、ツルツルするものは箸で刺したくなりますが、この行為は、「箸をうまく使えません」という意味になり、箸の使い方のタブーとされています。

話をしながら相手に向かって箸先を向ける行為は「指し箸」といい、人に対してだけではなく、食べ物や器などを箸先で指す行為も含まれています。「指し箸」は、周囲の人に不快な思いをさせる行為です。

【問14】 1

（解説）

「昇進・栄転祝い」、「災害見舞い」、「目上の方からの餞別」、「会社名で贈られた贈答への返礼」は、礼状だけでよく、品物は必要ありません。一方、「出産祝い」、「快気祝い」、「長寿祝い」など、内輪の祝い事で頂いた場合は、お返しに「内祝」として品物を贈ります。

もともと「内祝」は、お祝いのお返しではなく、お祝いを頂かなかった人にも同じように贈るのが習わしでした。しかし、現在は「内祝」を「お返し」と同様の意味に考える傾向が強くなり、お祝いを頂いた人にだけ贈る場合が多くなりました。

【問15】 3

（解説）

言いづらいことを指摘するときには、自分の考えや気持ちを率直に言葉にする「アサーティブ」な言い方は効果的です。攻撃的になるのでも、言葉を飲み込んで受身的になるのでもなく、自分も相手も尊重しながらはっきりと意思を伝えるのが、「アサーティブ」な伝え方なのです。

以上の点から考えると、ア．は、Ａさんが悪いと決めつけているので、攻撃的です。

イ．は、Ａさんに直接要望を伝えていないため、「アサーティブ」ではなく受身的です。

ウ．は、マニュアルを使用しないことのリスクを、自分の懸念と併せて伝えているので、「アサーティブ」です。

エ．は、相手の言い分にも耳を傾け、理解をしようとしているので、「アサーティブ」です。

オ．は、自分がＡさんに直接言うのではなく、上司から伝えてもらうという遠回しな方法です。また、朝の全体会議のように、ほかの人がいる場で伝えるのは、攻撃的です。よって、「アサーティブ」ではありません。

「アサーティブ」な伝え方は、ウ．とエ．です。したがって、正解は３．です。

【問16】　4

（解説）

ア．～キ．の手法･技法は、いずれもアクティブリスニング（積極的傾聴）の手法･技法です。したがって、正解は4．です。

【問17】　2

（解説）

2．のように、年齢によって働く環境を制限したり、強制したりすることはダイバーシティ経営には当てはまりません。したがって、正解は2．です。

1．は、ダイバーシティの取り組みに当てはまります。社内でのコミュニケーションを英語で行うことで、国籍や人種・民族などにかかわらずコミュニケーションが円滑になり、異文化への理解につながります。

3．は、ダイバーシティの取り組みに当てはまります。ワークライフバランスの実現に向けて、個人に合わせて働きやすくなるように、フレックスタイム制を導入する企業が増えています。

4．は、ダイバーシティの取り組みに当てはまります。多様な人々が安心して働ける環境となるよう、トイレの整備が進められています。

【問18】　1

（解説）

1．のように、相手を評価するような内容を含む受け止め方（設問の場合では、「優柔不断」に対して「せっかちと言われるよりもいい」という受け止め方）は、不適当です。したがって、正解は1．です。

相手の発言を言い換えたり、相手の発言に対してどこまで踏み込んだコメントをするかは、話し合い（メディエーション）の経過などによって異なります。そのため、たとえメディエーターであっても、相手の発言を言い換える手法を多用するメディエーターもいれば、あまり使わないメディエーターもいます。

相手の発言を言い換えるときは、不適当なものを避けることが最も重要です。

【問19】　2

（解説）

IT技術が発展し、Web会議を用いた対話が今後も増えていくことが予測できます。その際のルールについては、議論がされています。

1．と3．は、適切な対応ではありません。話し合いの主体は当事者です。したがって、両当事者が希望する方法を優先するのが、適切な対応です。

4．は、適切な対応ではありません。国際的なルールでも、対話の際は、録画を禁止するのが通常です。録画は、当事者同士の、自由な対話の妨げになるためです。

2．は、適切な対応です。よって、正解は2．です。

【問20】　3

（解説）

1．個人情報を第三者に提供する場合には、あらかじめ本人の同意が必要であることが、規定されています（法23条）。

2．第三者は、個人だけでなく、団体なども含まれます。

3．代表者情報は、代表者個人の情報でもあるので、代表者の同意が必要です。ただし、代表者の氏名や役職がホームページなどに掲載されているような場合は、その範囲では、本人の同意があるとみなされます。

4．第三者には、同じ事業内での他部門は含まれません。

したがって、正解は3．です。

記述問題

「漢字」や「文字」の世界も興味深く、また、コミュニケーションの助けになります。

【解答】（各2点　合計20点）

1.	①	音
	②	訓
2.	③	東京
	④	とうきょう
3	⑤	明朝
	⑥	太
4.	⑦	細
	⑧	句読
5.	⑨	句
	⑩	読

※【解答】のとおりに正しく書けていれば2点です。
※【解答】以外の解答は0点です。
※漢字の誤りは1点減点です。
※文字の書き間違いは0点です。

実 技 問 題

＜状況設定＞
会 社 名：もしもし百貨店
応 対 者：もしもし百貨店　お直しカウンター担当
　　　　　大城　司（おおしろ　つかさ）社員
応対日時：＜ケース１＞　2月13日（月）15時30分
　　　　　＜ケース２＞　2月13日（月）16時30分

あなたは、もしもし百貨店お直しカウンター担当の大城社員です。来店したお客様の洋服のお直しの受付、でき上がりの連絡、商品のお渡しなどを行っています。
これから、お客様に洋服のお直しができ上がったことを伝える電話をかけます（ケース１）。ケース１から約1時間後にお客様から電話がかかってきますので、応対してください（ケース２）。

【株式会社もしもし百貨店】

会社所在地	東京都千代田区東神田2-6-9
電話番号	0120-20-6660（お直しカウンター担当直通電話）
URL	https://www.jtua#.co.jp
メールアドレス	hyakka@jtua#.co.jp
業務内容	百貨店業
企業理念	上質な便利さと感動をみなさまに
従業員数	250名
営業時間	10：00 ～ 19：00　レストランフロアは11：00 ～ 20：30
休業日	年末年始　ほか不定休　今月の定休日は2月16日（木）

<お客様へ伝えること>

- お直しができ上がった。今日以降、2月20日（月）までの営業時間中に取りに来てほしい。
- ご希望があれば、来店ではなく宅配便でお送りすることもできる。

※宅配便の場合には以下の内容を必ず伝える。

- 送料は着払いになり、東京の隣接県は税込み660円。
- 来店の場合は試着して仕上がりを確認できるが、宅配便だと確認なしでの受け取りになり、万が一仕上がりに納得できなくてもやり直しを受けることはできない。

【お直し受付内容】

受付日時	2023年1月15日（日）13：00
お預かり品	紺のスーツ（上下）もしもし百貨店オーダーサロンで以前購入したもの
受付内容	ジャケットの右袖のボタンつけ（1個紛失してしまったため） スラックスのウエストを2cm広げる
受付者	大城　司
お渡し日	2月中旬。仕上がり次第、電話連絡
お直し費用	13,200円（税込）
お支払い	クレジットカードで支払い済み
そのほか	お客様の氏名、連絡先電話番号、住所は受付票に記入済み

【お客様情報】

お客様名	峰村　真（みねむら　まこと）
電話番号	045-661-3240
住所	神奈川県横浜市中区山下町199　レジデンス山下1202

【宅配荷物お届け時間帯】

- 当日16：00までの受付で、休業日を除く翌日以降の日時が指定できる。
- 指定可能な時間帯は表のとおり。

1	指定なし
2	午前中
3	12：00 ～ 14：00
4	14：00 ～ 16：00
5	16：00 ～ 18：00
6	18：00 ～ 20：00
7	20：00 ～ 21：00

応対時間は３分以内（応対部分のみを測定）。

模　擬　応　対　者	応　対　者
	＜ケース１＞ （電話をかける）
①「はい」	
	②「・・・・・・・・・・・・・・・・」
③「・・・・・・・・・・・・・・・・」	
	④「・・・・・・・・・・・・・・・・」
⑤「・・・・・・・・・・・・・・・・」 模擬応対者から電話を切ります。	
	⑥「・・・・・・・・・・・・・・・・」 （ケース１終了。そのまま続けます） ＜ケース２＞ （着信音）
	⑦「・・・・・・・・・・・・・・・・」
⑧「・・・・・・・・・・・・・・・・」	
	⑨「・・・・・・・・・・・・・・・・」
⑩「・・・・・・・・・・・・・・・・」	
	⑪「・・・・・・・・・・・・・・・・」
⑫「・・・・・・・・・・・・・・・・」	
	⑬「・・・・・・・・・・・・・・・・」
模擬応対者から電話を切ります。	（終了）

※模擬応対者はあらかじめ決められた状況に沿って応対しますが、その内容は応対者には開示されません。

※模擬応対者は状況設定内で、応対者に合わせて質問に答えたり相づちを打ったりします。したがって、応対者の質問によりスクリプトの番号は、増えても減っても構いません。

※模擬応対者は、応対者に合わせて原則自由に会話展開ができますが、時間オーバーとならないように配慮することとなっています。たとえば、模擬

応対者の発言の中には確認のための復唱も含まれますが、模擬応対者は、簡潔に必要事項を復唱することとしています。

※受検者の言葉が聞き取れないときや応対者の質問に答えられないときに、模擬応対者から質問することがあります。

※想定にないことは自由に会話して構いませんが、加点にも減点にもなりません。

※文中の会社／団体名・人物氏名・住所・電話番号などはすべて架空のものです。

◆模擬応対者の方へ◆

実技問題を確認の上、下記の模擬応対者情報並びに発言例を基に応対してください。

また、問題に書かれている注意事項に沿って応対してください。

模擬応対者は、2名です。男女を特定していません。

【ケース1　模擬応対者情報】

氏名	峰村　楓（みねむら　かえで）
生年月日・年齢	1975年8月10日（47歳）
自宅住所	神奈川県横浜市中区山下町199 レジデンス山下1202
電話番号	045-661-3240
プロフィール	＜ケース２＞の模擬応対者の家族

≪ケース1　模擬応対者の状況≫

あなた（峰村　楓〔みねむら　かえで〕）は、＜ケース２＞の模擬応対者の家族です。本日2月13日（月）15：30ごろに電話がかかってきました。もしもし百貨店のお直しカウンターから、家族の真（まこと）宛ての電話です。名指しされた本人はWeb会議中なので、伝言を受けることにしました。

■＜ケース１＞　模擬応対者の発言例

・＜ケース１＞の第一声は、以下のとおりに言ってください。

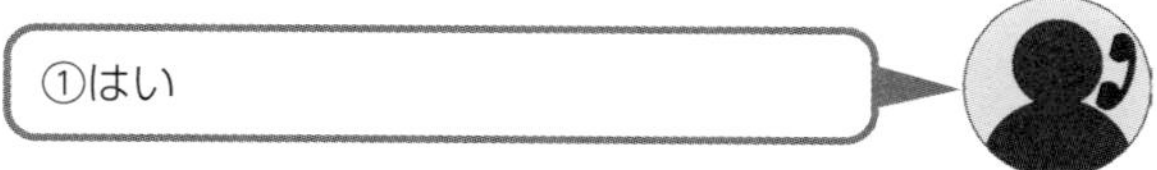

その後は、相手に合わせて、次のように答えてください。

• 真さんですかと聞かれた場合。

家族の者です

• 真さんと話したい（真さんはいらっしゃいますか、真さんをお願いします）と言われた場合。

今仕事で手が離せないようです

• あらためてかけ直す、何時ごろかけ直せばよいかと言われた場合。

仕事が一区切りついたら、こちらから電話させます。
よろしければ用件をお伺いして伝えます

• 用件を伝言された場合。

承知しました

• 電話番号を伝えられた場合。

わかりました

※上記の発言は、復唱せずに言ってください。

• ほかに確認したいことがあるか、聞かれた場合。

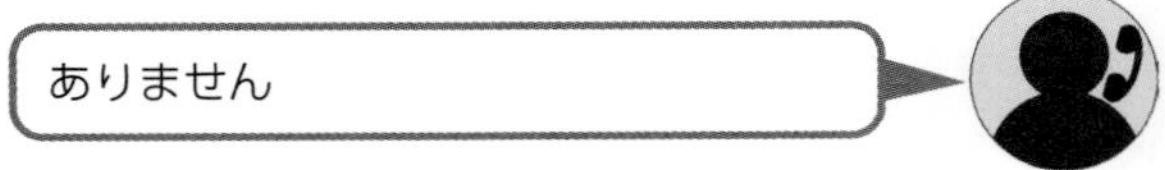

そのほか、相手の質問に合わせて適宜答えてください。

◎最後は相手の言葉に合わせて、模擬応対者から電話を切ります。

【ケース２　模擬応対者情報】

氏名	峰村　真（みねむら　まこと）
生年月日・年齢	1972年11月15日（50歳）
自宅住所	神奈川県横浜市中区山下町199 レジデンス山下1202
電話番号	045-661-3240
プロフィール	＜ケース１＞の模擬応対者の家族。 平日9：00～18：00の勤務だが、月曜日から水曜日はテレワーク。木曜日・金曜日は出勤している。 金曜日は勤務終了後、会社の近くの公園で1時間ほどランニングをしてから帰宅することにしている。

≪ケース２　模擬応対者の状況≫

あなた（峰村　真〔みねむら　まこと〕）は、会社員です。

春物のスーツを出して着てみたところ、スラックスのウエストが少々きつくなっていました。また、ジャケットの袖のボタンも1つなくなっていました。そこで、1月15日（日）に、スーツを買ったもしもし百貨店のお直しカウンターにスーツを持ち込み、直してもらうことにしました。受付票に、住所・氏名・電話番号を記入して、支払いもその場で済ませました。でき上がりは2月中旬になり、仕上がり次第、電話で知らせてくれることになっています。

本日2月13日（月）午後はWeb会議があり、終わって一息ついていると、1時間ほど前にもしもし百貨店から電話があったことを聞きました。スーツの直しができ上がったので、取りに来てほしいとのことです。このことで折り返しの電話をかけることにしました。

なお、もしもし百貨店は勤務先から自宅への帰宅経路の途中にあり、勤務先から20分ほどのところにあるので、出勤日の帰宅時に、取りに行きたいと考えています。

■<ケース２>　模擬応対者の発言例

• <ケース２>の第一声は、以下のとおりに言ってください。

⑧先ほどお電話をいただいた峰村と申しますが、大城さんいらっしゃいますか

その後は、相手に合わせて、以下のように答えてください。

• 取りに来られそうか聞かれた場合。

2月16日に行こうと思っています

• 2月16日木曜日は定休日であることの説明を受けた場合。

そうですか、翌日の17日は何時までやっていますか

• 2月17日金曜日の営業時間の案内をされた場合。

宅配便で送ってもらうことはできませんか

• 宅配便で送ることもできると提案された場合。

もう少し詳しく教えてください

• 万が一仕上がりに納得できなくてもやり直しを受けることはできない、との説明を受けた場合。

そうですか。それだと心配なので、金曜日の夜の予定を止めて、取りに伺います

• 具体的な来店時間を確認された場合。

18：30ごろ伺います

• ほかに確認したいことがあるか、聞かれた場合。

ありません

そのほか、相手の質問に合わせて適宜答えてください。

◎最後は相手の言葉に合わせて、模擬応対者から電話を切ります。

<注意事項>

＊発言はできるだけこのまま言ってください。

＊意味が変わらなければ言いやすい言葉に変えても構いませんが、余計な発言を追加したり応対者を誘導したりしないでください。

＊説明にわからない部分があった場合は、質問してください。

＊相手に合わせて適宜答えることの中に確認のための復唱も含まれますが、模擬応対者は、簡潔に必要事項のみ復唱してください。

＊受検者が言葉に詰まり、黙ってしまった場合は、一呼吸か二呼吸（5秒ほど）待って前の発言を繰り返してください。

＊受検者が誤った受け取り方をした場合、「違う」と言って前の発言を繰り返してください（模擬応対者が要約しないでください）。

受検番号　8ケタ	氏　　名

電話応対技能検定2級（2023年6月実施）

電話応対技能検定（もしもし検定）

2級　【第57回】

＊机上に置けるものは、筆記用具、時計（他の機能のないもの）のみに限ります。その他のものは各自の足元に置いてください（携帯電話・電子辞書等の使用は禁止）。

＊解答用紙への記入は、BまたはHBの黒鉛筆、シャープペンシルを使用してください。
また、記載内容を訂正する場合は、消しゴムできれいに消してから記入してください。

＊問題用紙と解答用紙に分かれています。

＊受検番号と受検者氏名は、問題用紙と解答用紙の両方に記入してください。

＊筆記試験は、基本問題が20問、記述問題が1問です。制限時間は60分です（試験開始30分を経過した後、退出することができますが、退出後の再入室はできません）。

＊問題用紙は試験官の指示があるまで、開かないでください。

＊試験終了後、問題用紙は回収しますのでお持ち帰りにならないでください。

＊解答用紙は、基本問題はマークシート、記述問題は別紙解答用紙に記入してください。

＊実技試験につきましては、説明員の指示に従ってください。

基本問題についての説明

基本問題に関しては、概ね以下の3つの問題群に分けて出題しますので、解答の目安にしてください。各問のとなりに記載しています。

問題群１．電話応対を理解・実践するために、前提となる社会人としての能力や知識を問う問題群

問題群２．電話応対を理解・実践するために、直接必要となる知識等を問う問題群

問題群３．電話応対を状況に応じて考え、実践していくための能力を問う問題群

基本問題

基本問題の問1～問20までは、すべて選択問題です。1～4の中から選び、別紙マークシートの解答用紙に記入してください。

問1　問題群1

立てるべき相手の行為を言うときは、動詞を尊敬の表現にする必要があります。現代では、主に「お（ご）～になる」型、「～（ら）れる」型さらに、特定の尊敬動詞への言い換え型（例：着る→召す）の3つのパターンが、よく使われます。ほとんどは、これらの方法で表現できますが、中には適用できないものがあります。

次の動詞の中で、3つのパターンの方法が全部使えるものはどれですか。1つ選びなさい。

1．飲む
2．言う
3．来る
4．遊ぶ

問２　問題群１

丁寧に言ったつもりで、ついうっかり、「お」を付けたばかりに不適切な表現になることがあります。次の4つの言い方の中で、適切なのはどれですか。1つ選びなさい。

1.「どうぞこの次は、お誘い合わせていらっしゃいませ」
2.「当店では、現金ではお買い求めできません」
3.「部長の田中なら昨年から子会社に出向してお勤めをしています」
4.「どうぞお楽しみになさっていてください」

問３　問題群１

次の4つの、「亜」が付いた言葉の中で、「亜」の意味が異なる使い方のものがあります。1つ選びなさい。

1. 亜熱帯
2. 亜硫酸ガス
3. 亜細亜
4. 亜高山帯

問４　問題群１

人に自分の意思を伝える話（ショート・スピーチ）を行う場合、重要なメッセージを相手によく伝えるために、考慮しなければならないことを挙げました。次の中で、適切でないものがあります。1つ選びなさい。

1．重要なメッセージ（言いたいこと）は、一度の話の中に多数盛り込まないほうが伝わりやすいので、絞って話す。
2．重要なメッセージ（言いたいこと）は、一般的には、話の冒頭の部分で言っておくほうがわかりやすい。
3．重要なメッセージ（言いたいこと）を、ほかの要素も同時に伝える場合はほかよりそこに時間をかけて話すべきである。
4．重要なメッセージ（言いたいこと）は、効果的に一度だけしか言わないように心がけるべきである。

問５　問題群１

仮想空間にアバターを表示させ、擬似的に同一空間で仕事をしているように感じさせるツールであり、テレワークに取り組んでいる社員の稼働状況や離席状況、勤怠管理にも利用できるしくみはどれですか。次の中から1つ選びなさい。

1．かんばんボード
2．バーチャルオフィス
3．社内SNS
4．ビジネスチャット

問6　問題群1

DX（デジタルトランスフォーメーション）の初期段階では、業務効率化が重要とされています。ある社内において、7,000名近くの社員が保有資格をExcelシートに記入しています。総務部では、保有資格が記入された個々のExcelシートを社内の電子メールで受け取り、Excelシートの画面を見ながら、別の社内システム（データベース）に手作業で入力しています。総務部の業務を効率化するための方法として、適切なものはどれですか。次の中から1つ選びなさい。

1．電子メールにExcelシートを添付してもらうことを中止し、チャットに名前を記入してもらった上でExcelシートを添付してもらう。
2．Excelのマクロを作成し、保有資格を記入するExcelシートから電子メールを自動的に送信できるようにする。
3．Excelシートに記入してもらうことを中止し、保有資格の内容を電子メールに記入してもらう。
4．RPA（Robotic Process Automation）を導入し、Excelシートから別の社内システムへの転記を自動化する。

問7　問題群1

社内のメンバー20人で、ハイブリッド会議（集合型とオンライン型を融合した会議）を行います。司会者が集合側にいる場合に、会議をスムーズに進行するためのコツとして誤っているものを1つ選びなさい。

1．会議冒頭で、集合側で出席している人の名前を読み上げ、参加者を明確にする。
2．参加者が発言する際には、自分の名前を言ってから発言を始める。
3．司会者は集合側を中心に、発言を促すようにする。
4．司会者が議事の説明を行い、参加者からの意見はチャットを活用する。

問 8

問題群 2

お客様から上司宛に電話がかかってきたので、保留をして上司に確認したところ、「今忙しいから後でかけると伝えて」と言われました。この場合、相手にどのように伝えますか。最も適切なものを1つ選びなさい。

1.「あいにく、ただ今忙しくしておりますので、後程お電話します」
2.「あいにく、ただ今手が離せませんので、手が空き次第、お電話します」
3.「あいにく、ただ今取り込んでおりますので、後程お電話しますがよろしいですか」
4.「あいにく、ただ今別の件に対応しておりますので、終わり次第、お電話しますがよろしいですか」

問 9

問題群 2

お客様の自宅の留守番電話に録音するときの注意事項です。注意事項として必要ではないものを次の中から1つ選びなさい。

1. はじめに「いつも大変お世話になっております」などの挨拶言葉を丁寧に言う。
2. はじめに「○○様へのご連絡です」などと先に相手の名前を言う。
3. 大事なことは、2度言う。
4. 自分の名前と電話番号は、はっきり、ゆっくり言う。

問10　問題群３

次は、基本的な電話応対についての注意事項です。間違っている注意事項はいくつありますか。選択肢から1つ選びなさい。

ア．利き手と反対の手で受話器を取る。
イ．電話の相手が話し中のときは、４～５分待ってからかけ直す。
ウ．電話が途中で切れた場合は、電話を受けたほうがかけ直す。
エ．間違い電話をかけた場合は、「○○○-○○○○番ではありませんか」と電話番号を確認する。
オ．伝言を頼んだときは、伝言を受けてくれた人の名前を確認する。
カ．伝言を頼むときは、「メモのご用意はよろしいでしょうか」と最初に必ず言う。
キ．電話を切るときは、かけたほうから切る。

【選択肢】
1．1つ
2．2つ
3．3つ
4．なし

問11　問題群１

上司の鈴木部長と一緒に、あなたは担当先企業であるもしもし商事の山田社長へご挨拶に行きました。山田社長と鈴木部長は初対面です。この場合の、適切な紹介の仕方を次の中から1つ選びなさい。

1．「こちら様がもしもし商事の山田社長様でいらっしゃいます」と、先に鈴木部長へ山田社長を紹介する。
2．「こちらが私どもの営業部長の鈴木でございます」と、先に山田社長へ鈴木部長を紹介する。
3．「こちら様がもしもし商事の山田社長でいらっしゃいます」と、先に鈴木部長へ山田社長を紹介する。
4．「こちらが私どもの鈴木営業部長でございます」と、先に山田社長へ鈴木部長を紹介する。

問12　問題群１

取引先に商品説明会のご案内を送ります。社外文書作成のルールとして正しいものはどれですか。次の中から1つ選びなさい。

1．用紙の右上に文書作成日を記載した。
2．宛名は取引先の代表取締役名にして、発信者は文書作成者名にした。
3．頭語は拝啓、結語は謹白にした。
4．文末に問い合わせ先の電話番号を記載した。

問13　問題群1

ドレスコードのある外資系のホテルレストランで、男性と女性の2人で西洋料理の食事をすることになりました。予約は男性がしました。不適切な行動はどれですか。1つ選びなさい。

1．席に案内される前に、洗面室であらかじめ手を洗っておく。
2．席まで案内されるときは、男性が女性を先導する。
3．女性が先に椅子に座る。
4．ハンドバッグは、椅子の足元の内側に置く。

問14　問題群1

上司に説明をするための資料を作成し、メールで送りました。上司からの返信には、「資料は後で読ませてもらいます。取り急ぎ、さわりだけ教えてもらえますか？」とありました。このコメントに対する返信内容として正しいものを、次の4つの選択肢の中から1つ選びなさい。

1．資料のタイトル（件名）を書いて返信する。
2．資料の冒頭（導入）部分だけを書いて返信する。
3．資料の目次を用いて、資料全体の流れを書いて返信する。
4．資料全体を通しての骨子（要点）を書いて返信する。

問15　問題群3

「攻撃的」、「受身的」、「アサーティブ」な対応のそれぞれの説明として、正しいものはいくつありますか。次の選択肢から1つ選びなさい。

ア．業務を抱え込んで相談をしない後輩に、「相談しないあなたがダメだ」とストレートに指摘するのは攻撃的であり、アサーティブな伝え方ではない。
イ．忙しそうな上司に相談をしたい。「お忙しいところ申し訳ありませんが、10分ほど相談の時間を取っていただけますか」と率直に聞くのは、アサーティブな対応である。
ウ．後輩の仕事の進め方を注意したいのだが、相手は嫌な気持ちがするかもしれないので何も言わずに黙っているのは受身的であり、アサーティブな対応ではない。
エ．ミスが多い同僚に「周囲のみんなが迷惑していますよ、知りませんか」と婉曲に伝えることは、相手を尊重したアサーティブな対応である。

【選択肢】
1．1つ
2．2つ
3．3つ
4．4つ

問16　問題群３

職場のメンタルヘルスを良好に保つためのサポートに関する記述のうち、適切なものを次の中から1つ選びなさい。

1．残業が続いている部下がいても、仕事においてミスが出ていないうちは上司のサポートは不要である。
2．コールセンターの電話応対業務は、肉体労働ではないため身体的なサポートは不要である。
3．仕事に対する集中力を切らさないためには、プライベートな時間でも仕事について考えることが効果的である。
4．クレーム電話を受けた人の精神的なサポートとして、同僚の声かけは効果的である。

問17　問題群３

緊張した面持ちで初めて相談窓口にやってきた方に、マイクロカウンセリングの「かかわり行動」を用いてコミュニケーションをとります。このときの行動としてふさわしくないものはどれですか。次の中から1つ選びなさい。

1．話を聴いていることが伝わるように、適度に視線を合わせながら話を聴いた。
2．より情報を引き出すために、次に何を言おうか考えながら話を聴いた。
3．不安を与えないよう表情を和らげ、リラックスした姿勢をとるよう心がけた。
4．話すスピードや声のトーンに気をつけた。

問18　問題群3

メディエーションの考え方を踏まえて、電話応対を振り返る場合、考慮することはどれですか。次の中から1つ選びなさい。

1．電話応対で得られた解決内容だけを振り返ることは有用である。
2．電話応対のプロセスだけを振り返ることは有用である。
3．電話応対で得られた解決内容だけでなく、プロセスも振り返ることは有用である。
4．電話応対で得られた解決内容も、プロセスも、振り返ることは有用でない。

問19　問題群3

「PDCA」は、もともとは生産管理や品質管理などの管理業務を円滑に進めるための手法として、W・エドワーズ・デミング博士らが提唱した考え方ですが、メディエーションのトレーニングでも、このプロセスの考え方を用いて進めていきます。

この「PDCA」の意味として、間違っているものはどれですか。次の中から1つ選びなさい。

1．Plan：計画を立てる
2．Do：実行する
3．Consider：よく考える
4．Action：改善する

問20　問題群1

事業者が個人情報を取り扱う場合の記述のうち、誤っているものはどれですか。次の中から1つ選びなさい。

1．個人情報取扱事業者は、個人情報を取り扱う際に利用目的をできる限り具体的に特定すること。
2．利用目的外の個人情報の利用は必ず本人に知らせなければならず、例外はない。
3．個人情報の第三者提供はあらかじめ本人に同意を得た場合は可能である。
4．要配慮個人情報のオプトアウトは禁止である。

もしもし検定

記述問題

以下の設問を読んで、別紙の解答用紙に解答を記入してください。

【設問】

日本語の造語能力は優れていると言われます。そのため、和製英語や、その略語が数多く存在しています。本来の言葉の意味がわからないまま使われることが多く、本質的な理解や、英語の学習にも支障をきたす場合があります。

次に挙げた10の略語の、省略する前の言葉を、例にならってカタカナで書きなさい。

例：ラジコン⇒（ラジオ・コントロール）

① エアコン ⇒（ ・ ）
② パソコン ⇒（ ・ ）
③ ゼネコン ⇒（ ・ ）
④ ツアコン ⇒（ ・ ）
⑤ マイコン ⇒（ ・ ）
⑥ ロボコン ⇒（ ・ ）
⑦ ミニコン ⇒（ ・ ）
⑧ シネコン ⇒（ ・ ）
⑨ カラコン ⇒（ ・ ）
⑩ リモコン ⇒（ ・ ）

記述問題解答用紙

1.	①	②
2.	③	④
3.	⑤	⑥
4.	⑦	⑧
5.	⑨	⑩

もしもし検定

第57回　解答と解説

基本問題

【問1】　1

（解説）

１．２．３．４．の動詞を尊敬表現にするとき、それぞれ、３つの方法（①「お〔ご〕～になる」型、②「～〔ら〕れる」型、③特定の尊敬動詞への言い換え型〔例：着る→召す〕）で表すと、以下のようになります。ただし、以下の中で×印がついている言い方は、通常、使われません。

１．「飲む」：○お飲みになる、○飲まれる、○召しあがる
２．「言う」：×お言いになる、○言われる、○おっしゃる
３．「来る」：×お来になる、○来られる、○いらっしゃる
４．「遊ぶ」：○お遊びになる、○遊ばれる、×（言い換えられない）

以上のことから、１．だけが、３つの方法で尊敬の表現にできます。したがって、正解は１．です。

ただし、一般的に、特定の尊敬動詞に言い換えられる動詞は、「お（ご）～になる」型では言わない場合が多いです。

【問2】　4

（解説）

１．「お誘い合わせて」は、動詞「誘い合わせる」に謙譲表現である「お（ご）～する」を当てはめていることになるため、設問のような言い方は不適切です。「お誘い合わせで」「お誘い合わせの上」という言い方ならば、「誘い合わせ」が動詞ではなく名詞になるため、問題ありません。

２．「お～できる」は、謙譲表現である「お（ご）～する」の可能形です。したがって、相手の行為を表す場合は使えません。相手の行為を表す場合の正しい言い方は、「お（ご）～になれる」です。よって、「お買い求めになれません」が正しい言い方です。

３．話している相手が、立てるべき人物（他社の人など）である場合には、

自社の部長の行為を「お勤め」と尊敬表現で言うのは、適切ではありません。正しくは、「勤めております」と言います。

4．「お楽しみになさってください」は、「お（ご）～になさる」型の尊敬表現で、正しい言い方です。「お楽しみにしてください」という言い方は誤りです。

したがって、正解は4．です。

【問3】　3

（解説）

「亜」には「次の、二番目の」などのような意味があります。1．「亜熱帯」2．「亜硫酸ガス」4．「亜高山帯」の「亜」は、「次の、二番目の」という意味の使い方です。

3．の「亜細亜（アジア）」の「亜」は、漢字の読みで使っているだけで、「次の、二番目の」という意味はありません。したがって、正解は3．です。ほかに、「亜米利加（アメリカ）」なども、「亜」を漢字の読みで使っている言葉です。

【問4】　4

（解説）

正解は、4．です。「効果的に一度だけ伝える」という方法を、「『一度だけ』と機会を限ることによって、伝わる力が増すのではないか」と考えるかもしれません。しかし実際は、何度も繰り返すほうが、より確実に、メッセージを相手に伝えられます。特に、「最後にもう一度」と、念を押すことが大切です。

どうしても相手に伝えたい重要なメッセージは、「話を絞ってシンプルにし、先に提示して、ほかより時間をかけ、繰り返して伝える」のが大切です。したがって、1．2．3．は、適切な記述です。

なお、2．の「重要なメッセージ（言いたいこと）は、一般的には、話の冒頭の部分で言っておくほうが、わかりやすい」という記述については、注

意が必要です。「話の面白さ」という点で考えると、結論が最後までわからない（たとえば、クイズ形式で話すなど）という話し方が効果的な場合もあります。時と場合に合った話し方を、柔軟に考えるのも大事です。

【問5】 2

（解説）

バーチャルオフィスでは、仮想空間にメンバーごとのアバター（自分〔ユーザー〕の分身となるキャラクター）を表示します。このアバターの動きによって、同一空間で仕事をしているように感じられます。

また、各メンバーの状況（会議中や作業中など）も確認できます。

【問6】 4

（解説）

1．や3．は、「メールでデータをやり取りし、転記する」と同様の作業です。したがって、効率化にはなりません。

2．は、Excelシートに記入する人の作業の効率化にはつながりますが、総務部の業務効率化にはつながりません。

4．RPA（Robotic Process Automation）を導入することで、Excelシートから別システムへの転記作業を記録することができ、何度でも同じ作業を繰り返し実行できます。よって、業務効率化につながります。したがって、正解は4．です。

DX（デジタルトランスフォーメーション）の初期段階では、業務効率化が重要とされており、定型的な事務作業を効率化する「業務の自動化」が注目されています。

中でもRPA（Robotic Process Automation）は、「業務の自動化」を実現する手段として注目されています。設問の場合では、RPAを導入することで、「7,000名近くの社員の保有資格が記入されたExcelシートを、別システムに転記する」という作業の自動化により、効率化が期待できます。

【問7】　3

（解説）

「ハイブリッド会議」は、集合側の参加者が進行の中心になりやすく、オンライン側に疎外感が生じる傾向があります。

集合側の参加者も、一人ひとりが個別にオンラインで参加している意識をもって発言するのを心がけます。

司会者は、「オンラインからの発言も促す」「オンラインからも発言しやすいように、チャットを活用する」など、オンライン側の参加者に配慮する必要があります。

【問8】　4

（解説）

だれにでも、忙しくて、すぐに電話に出られない場合があります。しかし、1．の「忙しくしておりますので」は、「あなたの用件よりも大事なことがある」という意味にも感じられる言い方であり、相手が不快な思いをする場合があります。2．の「手が離せない」「手が空き次第」も、1．と同様の理由で、適切ではありません。

3．の「取り込んでおりますので」は、「予期せぬ出来事が発生し、トラブルなどで対応に追われている」ことを表します。聞いた相手が恐縮する場合があるため、避けます。

設問のような場合は、4．の「別の件に対応しておりますので」と言います。したがって、正解は4．です。

忙しくて、すぐに電話に出られないときは、相手が聞いても不快にならない言葉を選び、「終わり次第、お電話しますがよろしいですか」と相手の都合もたずねてみるのがよいでしょう。

【問9】　1

（解説）

「留守番電話の基本」は、ほとんど、「電話のかけ方の基本」と同じです。

「電話のかけ方の基本」は、以下のとおりです。

①話すべき要点を事前にまとめておく
②社名と自分の名前をはっきり言う
③相手を確認したら（相手が出たら）、挨拶し、相手が今、電話できる状態かを確認する
④簡潔に要領よく話す
⑤大切な用件は再度念を押す
⑥丁寧に受話器を置く

ただし、「留守番電話の基本」に、「③相手を確認したら（相手が出たら）、挨拶し、相手が今、電話できる状態かを確認する」は含まれません。よって、１．の「挨拶」は、留守番電話に残す必要のない項目です。また、メッセージは短いほうが伝わりやすいです。その意味でも、「挨拶」は不要です。

「当人が出ると思ったら留守番電話だったので、心の準備ができておらず、しどろもどろになってしまった」などの経験から、留守番電話が苦手な人も、電話をかけるときに「①話すべき要点を事前にまとめておく」を心がけると、落ち着いて対応できます。

【問10】　2

（解説）

ア．○
イ．○
ウ．×　電話が途中で切れた場合は、電話をかけたほうが、かけ直します。
エ．○
オ．○
カ．×　「メモのご用意はよろしいでしょうか」は、相手に強制するような言い方であり、失礼です。「（伝言の内容を）申し上げてもよろしいでしょうか」のような言い方で確認すると、メモを用意してもらいやすいです。
キ．○

【問11】　2

(解説)

他人紹介の基本ルールは、立てるべき人へ身内（自社の人など）を先に紹介します。よって、設問の場合は、もしもし商事の山田社長へ上司の鈴木部長を先に紹介するのが適切です。

1．と3．は、先に、身内（鈴木部長）へ、立てるべき人（山田社長）を紹介しています。また、1．の「社長様」という言い方は、適切ではありません。役職の「社長」は敬称と同じ意味をもつため、「様」と一緒には使いません。4．は、紹介する順番は適切です。しかし、自分の上司を「鈴木営業部長」と役職をつけて紹介すると、自社側の人を立てる表現になるため、適切ではありません。

したがって、正解は2．です。

【問12】　4

(解説)

1．×　文書の日付は、作成日ではなく発信した日を記載します。

2．×　相手が「代表取締役」の場合、発信者の職位は同格の「代表取締役」にするのが礼儀です。

3．×　頭語と結語の組み合わせには、決まりがあります。頭語が「拝啓」の場合、結語は「敬具」が一般的ですが、「敬白」や「拝具」も使えます。また、「謹白」はあらたまった文書で使われる結語で、頭語の「謹啓」とペアで使われることが多いです。

4．○　文末には、問い合わせ先として、電話番号と併せて担当者名を記載すると親切です。記載する場所は、右下です。

【問13】　2

(解説)

ドレスコードのあるホテル内の西洋レストランの場合、西洋のテーブルマナーを知っておくと安心です。

1．日本では、テーブルにおしぼりを用意してくれることもあります。しかし、西洋レストランでは、基本、おしぼりは出ません。また、特にパンは、手でちぎって食べます。よって、手は清潔にするのが望ましいです。以上のことから、席に着く前に手を洗うのは、適切な行動です。
2．西洋ではレディーファーストの慣習があります。よって、2．は、男性が女性を先導しているので不適切です。設問のような場合、正しくは、女性が先に進み、男性が後に進みます。
3．サービススタッフは、先に女性の席の椅子を引いて、着席をすすめます。したがって、適切です。
4．テーブル席には、大きめの荷物やコートは持ち込みませんが、小さめのハンドバッグは持ち込んで構いません。ハンドバッグを置く場合に適切な場所は、サービススタッフの給仕の邪魔にならないように椅子の足元の内側か、または、椅子の背もたれと自分との間です。したがって、適切です。

【問14】　4

（解説）

「さわり」とは、「話の要点」を指します。日常の会話の中では、「話の最初の部分」という意味で使われる場合もありますが、誤りです。

【問15】　3

（解説）

アサーティブなコミュニケーションは、「自分も相手も尊重した考え方」に基づいています。

ア．「相談しないあなたがダメだ」という言い方は、攻撃的です。アサーティブではありません。したがって、正しい記述です。
イ．「お忙しいところ申し訳ありませんが、10分ほど相談の時間を取っていただけますか」は、上司を尊重しながら率直に伝えています。アサーティブな対応です。したがって、正しい記述です。

ウ．後輩の気持ちを害することを恐れて何も言わないので、受身的な対応です。アサーティブではありません。したがって、正しい記述です。

エ．「周囲のみんなが迷惑していますよ、知りませんか」という言い方は、作為的で攻撃的です。アサーティブではありません。したがって、誤りです。

以上から、正しい記述は３つなので、正解は３．です。

【問16】　4

（解説）

１．×　残業（長時間労働）が続いている部下がいる場合は、早めに声かけを行い、部下の状況を確認することや必要に応じた支援を行います。上記のようなサポートを行うことは、上司としての役割の１つです。

２．×　コールセンターの業務は肉体労働ではありません。しかし、加湿器を設置する、身体に合った椅子を用意する、腰痛や肩こり防止にストレッチの時間を確保するなど、様々な身体的サポートを検討することが可能です。

３．×　集中力を高めるためには、いったん仕事から離れてリフレッシュする時間を確保するのも大切です。

４．○　適切な記述です。

【問17】　2

（解説）

かかわり行動とは、積極的な傾聴と、それを相手にわかるように示す行動のことです。「視線の合わせ方」「身体言語」「言語的追跡」「声の調子」という4つのパターンがあります。

１．○　「視線の合わせ方」に関する行動として、適切です。

２．×　「言語的追跡」に関する行動として、不適切です。「言語的追跡」は、相手の話をよく聴き、相手が直前に話したことや、少し前に話したことに、しっかりついていくことです。次に何を言おうか考え

ながら相手の話を聴いていると、話の内容に集中できず、的確な質問ができない可能性があります。また、質問したことによって、相手が本当に話したいことから話題が逸れる恐れがあります。したがって、かかわり行動としてはふさわしくありません。

3．○　「身体言語」に関する行動として、適切です。

4．○　「声の調子」に関する行動として、適切です。

【問18】　3

（解説）

電話応対で得られた解決内容が適正だったとき、その解決内容だけでなく、電話応対のプロセスも併せて振り返ることは、有用です。

電話応対（話し合い）の「プロセス」は、顧客の満足につながる内容であるため、「解決内容」と同様に大事です。

【問19】　3

（解説）

「PDCA」は「Plan・Do・Check・Action」のそれぞれの頭文字を並べた言葉です。それぞれの意味は、「Plan：計画を立てる」「Do：実行する」「Check：評価する」「Action：改善する」であり、この4段階を繰り返し、回すことを、「PDCAサイクル」といいます。したがって、正解は3．です。

【問20】　2

（解説）

個人情報保護法第18条第3項による場合（警察からの要請があった場合や、命にかかわる場合など）は、本人の同意を得なくても、利用目的の達成に必要な範囲を超えた個人情報の利用を認めるという例外があります。したがって、正解は2．です。

記　述　問　題

省略したカタカナ語は、日本人には音声記号のようであり、意味が理解しにくいものです。中でも「コン」の付く語は非常に多く、たとえば、「スパコン」や「合コン」などがあります。

略語の安易な使用には、注意してください。

【解答】（各2点　合計20点）

1.	①	エア（ー）・コンディショナー
	②	パーソナル・コンピュータ（ー）
2.	③	ゼネラル・コントラクター
	④	ツアー・コンダクター
3.	⑤	マイクロ・コントローラー またはマイクロ・コンピュータ（ー）
	⑥	ロボット・コンテスト
4.	⑦	ミニ・コンサート またはミニ・コンピュータ（ー）
	⑧	シネマ・コンプレックス
5.	⑨	カラー・コンタクトレンズ またはカラー・コンタクト
	⑩	リモート・コントローラー またはリモート・コントロール

※【解答】のとおりに正しく書けていれば2点です。

※【解答】以外の解答であっても、問題に沿った適切な解答であれば正解とします。

※言葉の前の部分が正解であれば1点です。

※言葉の後の部分が正解であれば1点です。

実　技　問　題

＜状況設定＞
組 織 名：栃木県テレコム市役所
応 対 者：テレコム市役所移住促進課
　　　　　桜井　広海（さくらい　ひろみ）職員
応対日時：6月7日（水）12時30分

あなたは、テレコム市役所移住促進課の桜井職員です。テレコム市に住みたい人や働きたい人に対して、市が提供しているサポート内容や関連情報を説明し、移住をおすすめする仕事をしています。昨日テレビで子育てをする家族の移住の特集番組があり、テレコム市も紹介されました。番組で移住促進課の電話番号が表示されたので、問い合わせが増えています。かかってくる電話に応対してください。
移住促進課では、わくわく移住セミナーや移住相談会を積極的に案内することになっています。

【栃木県テレコム市役所】

所在地	栃木県テレコム市テレコム東4-3
電話番号	028-637-1205（移住促進課　直通電話）
URL	https://www.jtua#.co.jp
メールアドレス	ijyu@jtua#.co.jp
業務内容	市民サービス
営業時間	（月～金）9：00 ～ 17：00　（土）9：00 ～ 12：00
休業日	年末年始・日曜日

【テレコム市の基本情報】

アクセス	東京駅から新幹線で約1時間
人口	約5万人
特産品	いちご、そば、かんぴょう、乳製品、餃子、陶器など
住まい情報	テレコム駅から徒歩圏内のファミリー向けマンションの家賃は、首都圏より3割程度安い。駅から離れると、広い庭付きの一軒家もある。
医療情報	人口1人当たりの医師数が全国3位 18歳未満医療費無料

【移住促進サポート内容】

移住支援金	テレコム市に5年以上居住予定の場合は、以下の支援金が支給される 単身移住：60万円　世帯移住：100万円 ＊18歳未満の子どもがいる世帯には、子育て加算あり ＊細かい条件があるので、該当するかどうかは、市役所への個別相談が必要
子育て支援金	テレコム市のキャラクター「テレコちゃん」とSNSでお友達になると、テレコム市の子育て情報を気軽に聞ける
いちご農園支援	栃木県内でいちご農園を始める場合、研修費用を一部補助

【移住希望者への相談会情報】

＊移住セミナー・相談会の情報は、テレコム市のホームページに掲載されている

移住セミナー・相談会	内容
わくわく移住セミナー 6月18日（日） 13：00 ～ 15：00	＜内容＞ 先輩移住者3名による体験談の発表と座談会 アンケートに答えるとテレコム市の特産品のおみやげがもらえる ＜開催場所＞ ①とちぎふるさとショップ　イベントコーナー 東京都中央区南日本橋5-1テレコムビル2F JR東京駅から徒歩5分 ②オンライン ＜申し込み＞ 電話またはメールで申込受付中 ①とちぎふるさとショップ：定員20家族 ②オンライン：定員制限なし ＊セミナー模様は後日テレコム市ホームページで公開予定 ＊とちぎふるさとショップご来場の方は、セミナー後に個別相談も可能 ＊子育て中のご家族歓迎
移住相談会 オンライン 毎週水曜日と金曜日の 10：00 ～ 16：00	＜内容＞ テレコム市役所職員によるオンラインでの相談会（1時間程度） ＜開催場所＞ オンライン ＜申し込み＞ 電話またはメールで申込受付中

【移住セミナー・相談会の受付について】

以下のことを案内する。

＊受付時に、氏名・連絡先電話番号・参加人数を確認・記録すること

＊オンライン参加の場合はメールアドレスも確認し、後日招待メールを送信すること

移住セミナー・相談会	受付状況詳細
わくわく移住セミナー 6月18日（日） 13：00 ～ 15：00	とちぎふるさとショップ：残席数5家族
移住相談会オンライン 毎週水曜日と金曜日の 10：00 ～ 16：00	6月9日（金）の14：00 ～ 16：00以外は受付可能

【そのほか】

＊テレコム市ホームページから「テレコム市フレンド会員」に登録すると、毎週メールマガジンが届く。メールマガジンには、今後開催するセミナーや相談会の情報が掲載されている

応対時間は3分以内（応対部分のみを測定）。

模　擬　応　対　者	応　対　者
	（着信音）
	①「・・・・・・・・・・・・・・・・・」
②「・・・・・・・・・・・・・・・・・」	
	③「・・・・・・・・・・・・・・・・・」
④「・・・・・・・・・・・・・・・・・」	
	⑤「・・・・・・・・・・・・・・・・・」
⑥「・・・・・・・・・・・・・・・・・」	
	⑦「・・・・・・・・・・・・・・・・・」
⑧「・・・・・・・・・・・・・・・・・」	
	⑨「・・・・・・・・・・・・・・・・・」
⑩「・・・・・・・・・・・・・・・・・」	
	⑪「・・・・・・・・・・・・・・・・・」
⑫「・・・・・・・・・・・・・・・・・」 模擬応対者から電話を切ります。	（終了）

※模擬応対者はあらかじめ決められた状況に沿って応対しますが、その内容は応対者には開示されません。

※模擬応対者は状況設定内で、応対者に合わせて質問に答えたり相づちを打ったりします。したがって、応対者の質問によりスクリプトの番号は、増えても減っても構いません。

※模擬応対者は、応対者に合わせて原則自由に会話展開ができますが、時間オーバーとならないように配慮することとなっています。たとえば、模擬応対者の発言の中には確認のための復唱も含まれますが、模擬応対者は、簡潔に必要事項を復唱することとしています。

※受検者の言葉が聞き取れないときや応対者の質問に答えられないときに、模擬応対者から質問することがあります。

※想定にないことは自由に会話して構いませんが、加点にも減点にもなりません。

※文中の会社／団体名・人物氏名・住所・電話番号などはすべて架空のものです。

◆模擬応対者の方へ◆

実技問題を確認の上、下記の模擬応対者情報並びに発言例を基に応対してください。

また、問題に書かれている注意事項に沿って応対してください。

模擬応対者は、1名です。男女を特定していません。

【模擬応対者情報】

氏名	立石　響（たていし　ひびき）
生年月日・年齢	1987年10月29日（35歳）
住所	東京都千代田区東神田2-6-9-901
電話番号	090-7002-2551
メールアドレス	sound_tate@#mail.com
プロフィール	夫婦と子ども1人（1歳男子）の3人家族。パートナーは育児休職中。本人はテレワークでフレックスタイムの勤務だが、月に1回ほど出勤している

≪模擬応対者の状況≫

あなた（立石　響〔たていし　ひびき〕）は、会社員です。

5年前に結婚してから今のマンションに住んでいますが、子どもが生まれ、家族3人で暮らしながらテレワークをするには家が狭く、最近東京からの移住を考えています。都内にある会社のオフィスには月に1回程度出勤しているので、新幹線通勤もできそうな栃木県を中心に検討することにしました。

昨日テレビをつけたら、ちょうど栃木県テレコム市に移住した子育て中の家族が紹介されていました。番組内で表示のあったテレコム市役所に電話をかけて、移住にあたってどんなサポートが受けられるのか、詳しい話を聞いてみることにしました。また、できれば先輩移住者の話を聞いてみたいと思っています。

■模擬応対者の発言例

・第一声は、以下のとおりに言ってください。

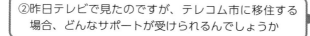

②昨日テレビで見たのですが、テレコム市に移住する場合、どんなサポートが受けられるんでしょうか

その後は、相手に合わせて、以下のように答えてください。

・3つのサポート内容があるとの説明を受けた場合。

移住支援金は、どんな人が対象になるんですか

・家族構成を聞かれた場合。

1歳の子どもと夫婦の3人家族です

・移住後の仕事について聞かれた場合。

東京都内の会社に勤めています。主にテレワークをしているので、それを続ける予定です

・テレコム市の特徴や特産品などを紹介された場合。

そうですか、わかりました

・移住支援金の詳しい説明を受けた場合。

それはいいですね

・移住支援金以外のサポート内容の詳しい説明を受けた場合。

わかりました

・セミナーや相談会があることを案内された場合。

セミナーはどのような内容ですか

- セミナーの内容が、先輩移住者による体験談の発表と座談会であるなどの詳しい説明があった場合。

それはぜひ聞きたいです

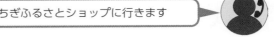

- テレコム市のホームページを見ることができるか聞かれた場合。

はい、後で見てみます

- 開催日時や場所の案内がなかった場合。

開催日時と場所を教えてください

- 開催日時と場所の案内があった場合。

そうですか。セミナーに行きたいので、申し込めますか

- 参加方法を聞かれた場合。

とちぎふるさとショップに行きます

- 名前と連絡先を聞かれた場合。

立石　響と申します。電話番号は090-7002-2551です

- 立石　響の漢字を聞かれた場合。

立つ座るの立に石川県の石、響は音が響く響です

- セミナーへの参加人数を聞かれた場合。

1歳の子どもを含めて家族3人で参加します

- セミナーについての質問があるかと聞かれた場合。

特にありません

• ほかに確認したいことがあるか、聞かれた場合。

ありません

そのほか、相手の質問に合わせて適宜答えてください。

◎最後は相手の言葉に合わせて、模擬応対者から電話を切ります。

＜注意事項＞

＊発言はできるだけこのまま言ってください。

＊意味が変わらなければ言いやすい言葉に変えても構いませんが、余計な発言を追加したり応対者を誘導したりしないでください。

＊説明にわからない部分があった場合は、質問してください。

＊相手に合わせて適宜答えることの中に確認のための復唱も含まれますが、模擬応対者は、簡潔に必要事項のみ復唱してください。

＊受検者が言葉に詰まり、黙ってしまった場合は、一呼吸か二呼吸（5秒ほど）待って前の発言を繰り返してください。

＊受検者が誤った受け取り方をした場合、「違う」と言って前の発言を繰り返してください（模擬応対者が要約しないでください）。

受検番号　8ケタ	氏　　名

電話応対技能検定2級（2023年10月実施）

電話応対技能検定（もしもし検定）

2級　【第58回】

＊机上に置けるものは、筆記用具、時計（他の機能のないもの）のみに限ります。その他のものは各自の足元に置いてください（携帯電話・電子辞書等の使用は禁止）。

＊解答用紙への記入は、BまたはHBの黒鉛筆、シャープペンシルを使用してください。
また、記載内容を訂正する場合は、消しゴムできれいに消してから記入してください。

＊問題用紙と解答用紙に分かれています。

＊受検番号と受検者氏名は、問題用紙と解答用紙の両方に記入してください。

＊筆記試験は、基本問題が20問、記述問題が1問です。制限時間は60分です（試験開始30分を経過した後、退出することができますが、退出後の再入室はできません）。

＊問題用紙は試験官の指示があるまで、開かないでください。

＊試験終了後、問題用紙は回収しますのでお持ち帰りにならないでください。

＊解答用紙は、基本問題はマークシート、記述問題は別紙解答用紙に記入してください。

＊実技試験につきましては、説明員の指示に従ってください。

基本問題についての説明

基本問題に関しては、概ね以下の3つの問題群に分けて出題しますので、解答の目安にしてください。各問のとなりに記載しています。

問題群１．電話応対を理解・実践するために、前提となる社会人としての能力や知識を問う問題群
問題群２．電話応対を理解・実践するために、直接必要となる知識等を問う問題群
問題群３．電話応対を状況に応じて考え、実践していくための能力を問う問題群

もしもし検定

基本問題

基本問題の問１～問20までは、すべて選択問題です。１～４の中から選び、別紙マークシートの解答用紙に記入してください。

問１　問題群１

文法上問題なく、助詞の「を」（下線の部分）が使われている文はどれですか。次の選択肢の中から１つ選びなさい。

１．「甘いものを好きですか」
２．「子どものころは野菜を嫌いでした」
３．「早めに請求書を欲しいです」
４．「まだ私を覚えていますか」

問２　問題群１

先に着いたお客様への連絡の言い方についてです。「お連れ様が、今、到着され、受付で……」の後、次の8つの言い方のバリエーションの中でふさわしくないものはいくつありますか。選択肢の中から1つ選びなさい。

【言い方の例】

ア.「待っております」
イ.「待っておられます」
ウ.「待っています」
エ.「待っていらっしゃいます」
オ.「お待ちです」
カ.「お待ちでございます」
キ.「お待ちになっています」
ク.「お待ちになっていらっしゃいます」

【選択肢】

１．１つ
２．２つ
３．３つ
４．４つ

問3　問題群1

日本語は、同じ音（おん）でも意味が違う言葉（同音異義語）が多いのが特徴です。特に電話での会話は、このことを意識する必要があります。次の選択肢の中で、「同音異義語」ではないものはどれですか。1つ選びなさい。

1．「歯医者」と「敗者」
2．「お食事券」と「汚職事件」
3．「美容院」と「病院」
4．「気候」と「機構」

問4　問題群1

日本語の言葉は、オノマトペが多いのが特徴の1つです。このオノマトペは、さらに、「擬音語（擬声語）」のタイプと「擬態語」のタイプとに分かれます。次の説明文の中で正しいと考えられるものはどれですか。1つ選びなさい。

1．聴覚で得られる音や声を言語にした日本語の擬音語（擬声語）は、世界の各国の言語とも共通している。
2．物事の様子を音のイメージで捉えた擬態語は、形としてはみな「わくわく」「そわそわ」などのように連続した言葉で表されている。
3．「擬音語（擬声語）」も「擬態語」も、日本語の品詞の分類では、みな副詞に属する。
4．オノマトペは多分に感覚的な表現なので、生き生きとした表現になる効果はあるが、ややインフォーマルな印象を与えるので、改まった会話や文章では注意が必要である。

問5　問題群1

テレワーク実施におけるセキュリティ対策の説明として、正しいものはどれですか。次の中から1つ選びなさい。

1．テレワーク勤務者が所有するWi-Fiルーターは、初期設定のまま利用する。
2．送信者に心当たりがないメールはすぐに開かず、セキュリティ管理者のほか、チームメンバーにも報告する。
3．緊急連絡時の連絡先は、テレワーク端末内に保存する。
4．家族など第三者に盗み見されないように、自動ロック設定を解除する。

問6　問題群1

コミュニケーションツールの機能のうち、プロジェクトやトピックなどの会話を専用の場所で行い、話題を整理するものはどれですか。次の中から1つ選びなさい。

1．チャネル（チャンネル）
2．プレゼンス
3．メンション
4．スポットライト

問7　問題群1

オンライン会議では、ヘッドセットの装着が推奨されます。その理由は、どれですか。次の中から1つ選びなさい。

1．オンライン会議らしいスマートな上級者の印象を与える。
2．装着することでハウリングを起こしやすくする。
3．音漏れによる情報漏えいを起こさないようにする。
4．周りの声や音を完全に遮断することができる。

問8　問題群3

オンライン会議ツールを利用しています。オンライン会議中、話し手の声を遮ることなく、絵文字で反応を伝える機能はどれですか。次の中から1つ選びなさい。

1．ブレイクアウトルーム
2．画面共有
3．リアクション
4．ライブキャプション

問9　問題群3

電話での応対中、お客様の考えを受け入れるときの言い方として、失礼な言い方はどれですか。次の中から1つ選びなさい。

1.「そのお考えに敬服しました」
2.「なるほど、それはなかなかよいお考えです」
3.「私にはそこまで考えが及びませんでした」
4.「そのお考え、とても勉強になります」

問10　問題群2

後輩の電話応対に対する注意事項としてふさわしくないものはどれですか。次の中から1つ選びなさい。

1. 伝言を受けた際は、伝言メモに受けた時間も書く。
2. 電話を受ける際は、常に内容を予測しあらかじめ落としどころを準備する。
3. 呼び出し音3回で出たときは「お待たせしました」、5回以上は「大変お待たせしました」と、「大変」をつけて言う。
4. お客様からかかってきた電話の声がまったく聞こえないときは、「電話の声が聞こえませんので、申し訳ありませんがいったん切らせていただきます」と言って、こちらから電話を切る。

問11　問題群１

訪問先で打ち合わせをします。用件に入る前の話題として、適切ではないものはどれですか。次の中から1つ選びなさい。

１．駅周辺の様子
２．最近のニュース
３．季節・天気
４．好きな野球のチーム

問12　問題群１

あなたは、得意先の吉田常務に上司の中村部長を紹介するために、一緒に先方に出向きました。あなたが互いを紹介します。最初に紹介をする際、適切なものはどれですか。次の選択肢の中から1つ選びなさい。

１．（吉田常務に向かって）「こちらが上司の中村です」
２．（吉田常務に向かって）「こちらが私どもの中村部長です」
３．（中村部長に向かって）「こちら様が吉田常務です」
４．（中村部長に向かって）「こちら様が常務の吉田様です」

問13　問題群1

床の間がある座敷で、取引先と会食をします。取引先、自社からそれぞれ2名（課長、担当）が出席します。和室の席次として正しいものはどれですか。選択肢の中から1つ選びなさい。

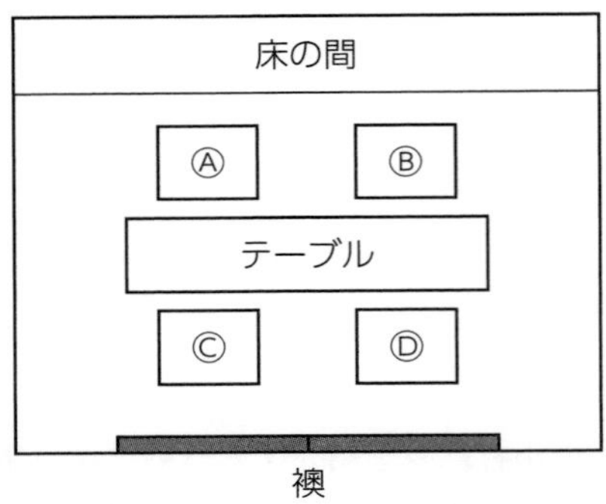

1．Aに取引先課長
2．Bに自社課長
3．Cに自社担当
4．Dに取引先担当

問14　問題群1

餞別とは、転居、異動・転勤、退職、旅行などをする相手に贈る金品を指す言葉です。次の選択肢にある行為で、餞別のマナーとして不適切なものはどれですか。1つ選びなさい。

1．部下が異動するので、個人の名前で「御餞別」と書いて贈った。
2．上司の定年退職時の表書きを「御礼」と書いて贈った。
3．３人連名なので、餞別の表書きに、右から順に上位者から氏名を書いた。
4．餞別の包み紙には、のしを付けて、水引は赤白の結び切りにした。

問15 問題群３

職場の人間関係で相手に言いづらいことを伝えるとき、アサーティブな振舞いや伝え方を意識すると、お互いがストレスを抱えることなくコミュニケーションを取りやすくなります。以下の中で、アサーティブな対応やコミュニケーションのあり方として適切なものの組み合わせはどれですか。次の選択肢の中から1つ選びなさい。

ア．同じチームのメンバーの電話の対応がよくない。でも、指摘して関係が悪化すると困るので、黙って自分でフォローすることにした。
イ．他部署から自分の担当ではない仕事が回ってくる。それが何回も続いたので、「これって違いますよね、そちらの仕事のはずです」とはっきり言って、書類を返した。
ウ．後輩のミスが何度も続いている。「こんなに続くのはよくないよ。どうしたらよいか、一緒に考えようか」と言って、話し合うことにした。
エ．期限付きで依頼された仕事が間に合いそうにないので、「期日までにすべてを仕上げることが難しいので、〇〇の部分については翌日まで延期をお願いできますか？」と交渉した。

【選択肢】
1．ウとエ
2．イとウ
3．アとエ
4．アとイ

問16　問題群３

面談や電話で応対する際に活用できるカウンセリング技法に関する記述について、適切な組み合わせはどれですか。次の選択肢の中から１つ選びなさい。

ア．相手の話の全体をまとめ、まとめたものを相手に伝える技法を「内容の要約」という。
イ．相手の感情表現（喜怒哀楽など）を受け止めて返す技法を「オウム返し」という。
ウ．相手が「はい」「いいえ」で答えられる質問を「閉じられた質問」という。
エ．相手の発言に対して、違う言葉を使って伝え返すことを「励まし」という。

【選択肢】
１．アとウ
２．イとエ
３．イとウ
４．ウとエ

問17	問題群３

傾聴についての説明文です。次の中から最も適切なものを1つ選びなさい。

1．傾聴においては、正確な聴き取りが大切で、一言一句聞き漏らさないように、話した内容をすべて記録に取ることが肝要である。
2．傾聴においては、話し手や話す内容に積極的な関心を持つことで、その人がどのような立場で、何を感じ、何を伝えようとしているかを知ろうとすることが肝要である。
3．傾聴においては、質問技術が大切で、５Ｗ２Ｈを使い、いつ、どこで、何をしたかという事実関係を質問することが肝要である。
4．傾聴においては、話した言葉を言い換えることが大切であり、できるだけ否定的な発言を肯定的に言い換えることが肝要である。

問18	問題群３

メディエーションを行うにあたり、メディエーターが気をつけなければならないこと（心得）について、以下の記述のうち、正しいものはどれですか。1つ選びなさい。

1．当事者間の解決案に隔たりがある場合は、メディエーターは最終的な落としどころを考え、それに誘導することを考える。
2．当事者間の解決案に隔たりがある場合は、メディエーターは、法的に不利な側に、結論を変えるように、説得を行う。
3．当事者間の解決案に隔たりがある場合は、前段階に戻り、当事者の言い分や感情に焦点を絞って聴く。
4．当事者間の解決案に隔たりがある場合は、メディエーターが、論理的な説得作業を繰り返せば、どちらかの一方は必ず折れてくる。

問19　問題群３

認知バイアス（記憶・判断のゆがみや偏り）についての記述のうち、誤っているものはどれですか。次の中から1つ選びなさい。

1．性格と血液型の関係には科学的根拠はないが、たとえば「A型の人は几帳面だ」と思うのは、認知バイアスが影響している。
2．SNSなどで、自分の仮説や信念と一致する情報ばかりに注目し、それ以外の情報を無視してしまう傾向は、認知バイアスが影響している。
3．だれにでも当てはまる内容であっても、自分のことを言い当てられたと感じることは、認知バイアスが影響している。
4．認知バイアスは認知のゆがみを生ずるので、常に自分の判断が影響を受けていないかを注意することが求められる。

問20　問題群１

個人情報の中には、他人に公開されることで、本人が不当な差別や偏見などの不利益を被らないように、その取扱いに特に配慮すべき情報があります。以下の記述のうち、「要配慮個人情報」の説明として間違っているものはどれですか。1つ選びなさい。

1．人種、信条、社会的身分、病歴、犯罪の経歴、犯罪により被害を被った事実が、要配慮個人情報に該当する。
2．身体障害・知的障害・精神障害などの障害があること、医師などにより行われた健康診断その他の検査の結果、保健指導、診療・調剤情報が、要配慮個人情報に該当する。
3．本人を被疑者または被告人として逮捕などの刑事事件に関する手続が行われたこと、非行・保護処分などの少年の保護事件に関する手続が行われたことの記述などが含まれる個人情報は、要配慮個人情報に該当する。
4．個人情報取扱事業者は、要配慮個人情報の取得を禁止されていない。

記 述 問 題

以下の設問を読んで、別紙の解答用紙に解答を記入してください。

【設問】

短い会話文の中に、間違えやすい慣用句やことわざが入っています。それぞれ、漢字を1字だけ直せば正しいものになります。訂正した漢字を解答用紙に書きなさい（ひらがなで書いた場合は、得点になりません)。

①「このコピー機は古くなって要を成さない」
②「店長は歯に絹着せぬ言い方をするので怖がられている」
③「郷に行っては郷に従えと言うじゃないですか」
④「酔っぱらいの破廉恥な行為に目をひそめました」
⑤「インターネットの技術は長速の進歩を遂げています」
⑥「新しい治療法によって急死に一生を得ました」
⑦「思わず話を間に受けてしまいました」
⑧「その不誠実な応対ぶりは怒り心頭に達しました」
⑨「腹も実の内と言うから暴飲暴食は慎んでね」
⑩「新人としては、これ以上申し文がない営業成績です」

記述問題解答用紙

1.	①	②
2.	③	④
3.	⑤	⑥
4.	⑦	⑧
5.	⑨	⑩

もしもし検定

第58回　解答と解説

基本問題

【問1】　4

（解説）

助詞の「を」は、動作（動詞）の対象を表します。形容詞や形容動詞に「を」をつけて表現するのは誤りです。

1.「好き」は形容動詞です。したがって、「を」を使うのは誤りです。正しくは、「甘いものが好き」または「甘いものは好き」です。
2.「嫌い」は形容動詞です。したがって、「を」を使うのは誤りです。正しくは、「野菜が嫌い」です。
3.「欲しい」は形容詞です。したがって、「を」を使うのは誤りです。正しくは、「請求書が欲しい」または「請求書を送ってほしい」です。
4.「覚える」は動詞です。したがって、助詞「を」が、正しく使われています。

【問2】　3

（解説）

設問のような場合、先に到着しているお客様（対話の相手）と、そのお連れ様（話題の中の立てるべき人）の両方に敬意を払う言い方が、ふさわしいです。この条件を満たしているのは、エ．オ．カ．キ．ク．の言い方です。したがって、正解は3．です。

ア．「待っております」は、「おります」という謙譲語（自分をへりくだった言い方）が、お連れ様の「待つ」という行動に使われていて、失礼です。したがって、ふさわしくない言い方です。

イ．「待っておられます」は、「おります」という謙譲語に、尊敬の助動詞「れる」を付けています。「謙譲語＋尊敬語」は、敬語の文法のルール違反です。したがって、ふさわしくない言い方です。

ウ．「待っています」は、「ます」を付けることで、対話の相手に対しては

丁寧に話しています。しかし、お連れ様には敬語が使われていないので、ふさわしくない言い方です。

カ．の「お待ちでございます」は、「お待ち」に尊敬語成分があり、「ございます」は丁寧語（「です」と考えてよい）なので、間違った表現ではありません。また、設問のようなときに、「お待ちでございます」ではなく、「お待ちでいらっしゃいます」を使う場合がありますが、「いらっしゃる」は「いる」という意味です。そのため、言葉によっては「いらっしゃる」が付きにくい場合があります。その場合に、「ございます」を使います。

正しく「ございます」を使うためには、「であります」と言えるかどうかを考えます。

「であります」と言えるケースは「ございます」に置き換えられます。たとえば、「いかがお過ごしでございましょうか」は、「いかがお過ごしでありますか」と言えます。同じように、「さぞかしお怒りでございましょう」は、「さぞかしお怒りでありましょう」と言えます。「大変お疲れでございましたね」は、「大変お疲れでありましたね」と言えます。

ただし、「○○様でございますね」や、「（エレベーターで）お降りの方はございますか」のように、本人が主語の場合、「ございます」は、ふさわしくないという意見もあります。

【問3】　3

（解説）

「同音異義語」は、厳密には、音の並びだけでなくアクセントも同じものを言います。

話し言葉でコミュニケーションをする場合は、的確に情報を伝えるために、「同音異義語」の特徴を意識する必要があります。

1．両方とも「はいしゃ」と読み、アクセントも同じなので、「同音異義語」です。

2．両方とも「おしょくじけん」と読み、アクセントも同じなので、「同音異義語」です。

3．「美容院」は「びよういん」で、「病院」は「びょういん」です。「よ」の部分に、それぞれ発音（直音と拗音）の違いがあります。3．のような言葉は「同音異義語」ではなく、「類音語」と言われます。「類音語」が多いことも、日本語の特徴の1つです。
4．両方とも「きこう」と読み、アクセントも同じなので、「同音異義語」です。4．に挙げられている言葉のほかに、「寄稿」、「季候」、「寄港」、「紀行」、「機甲」、「気功」、「奇行」、「帰港」、「気孔」、「起工」、「帰航」、「紀綱」などの「同音異義語」があります。このように、「同音異義語」は1対（つい）とは限りません。特に、名前や地名などの固有名詞を話し言葉で伝える際は、伝達ミスが起こりやすいので、注意してください。

【問4】　4

（解説）

1．たとえば、犬の鳴き声は、日本語では「ワンワン」で、英語では「bowwow」です。このように、言語によって、擬音語（擬声語）は違っています。したがって、誤りです。
2．擬態語の多くは、連続した言葉で表されます。しかし、「みっちり」や「こってり」、「そっと」や「さっと」などの表現も擬態語です。したがって、誤りです。
3．品詞の分類に、擬音語（擬声語）や擬態語は含まれません。「副詞」、「名詞」、「動詞（『〜する』という表現）」にも使われるからです。たとえば、「犬がワンワン鳴いている」（副詞）、「わんわんが大好き」（名詞）、「よろよろする」（動詞）のように使われます。したがって、誤りです。
4．正しい記述です。たとえば、「めためたにやられました」「がんがんやりましょう」など、感覚的には効果的な表現になります。しかし、なれなれしく感じられるため、フォーマルな場面では改まった言葉に言い換えます。たとえば「めためたに」ならば、「徹底的に」「完膚なきまで」などのように言い換えます。

【問5】 2

（解説）

テレワーク勤務者が実施すべき対策は、「ガバナンスやリスク管理」「資産・構成管理」「脆弱性管理」「データ保護」などがあります。出社勤務と同様のセキュリティ対策が必要です。

1．Wi-Fiの電波が家の外まで届いている可能性があり、初期設定のままで運用していると、第三者に無線LANルーターを乗っ取られる恐れがあります。したがって、適切ではありません。

2．心当たりがないメールは、すぐに開かず、セキュリティ管理者やチームメンバーに報告します。興味本位で開いてはいけません。したがって、適切な記述です。

3．テレワーク端末が使えなくなる可能性もあります。よって、緊急連絡用の連絡先は、別の手段で保存します。したがって、適切ではありません。

4．テレワークでは、「操作画面の自動ロック機能を設定する」、「PC画面にプライバシーフィルターを貼る」などのセキュリティ対策は、有効です。したがって、適切ではありません。

【問6】 1

（解説）

TeamsやSlackなどのコミュニケーションツールには会話機能（チャット）があります。1つの場所で会話を続けると、重要な情報が流れてしまい、見つけにくくなります。チャネル（チャンネル）という機能で会話を整理することで、メンバーと、重要な情報を専用の場所で共有できます。

【問7】 3

（解説）

オンライン会議では、マイクとイヤホンが一体になっているヘッドセットの装着が推奨されています。その理由は、音漏れによる情報漏えいを防ぐためです。ただし、自分が発言するときの声量にも注意する必要があります。

1．ヘッドセットの利用でスマートさを演出できる可能性はありますが、着用を推奨している主な理由とは言えません。
2．ヘッドセットを利用すると、ハウリングが起こりにくくなります。
3．音漏れが低減できるので、情報漏えい防止につながります。ただし、自分の発言がほかの人に聞こえることで情報漏えいにつながるため、声の大きさには注意が必要です。
4．ヘッドセットを利用することで、周りの声や音を低減することはできますが、完全に遮断することはできません。

【問8】 3

（解説）

WebexやZoom、Teamsなどのオンライン会議ツールには、リアクション機能があります。リアクション機能は、会議中に話し手の声を遮ることなく、「いいね」「手をあげる」などの絵文字で反応を伝えることができます。

【問9】 2

（解説）

1．○ 「敬服しました」は、素直な気持ちを伝える言葉であり、問題ありません。
2．× 「なるほど」という相づちは、相手に尊大な印象を与えます。そのため、お客様や目上の人には使わないほうがよいとされています。また、「なかなかよいお考えです」という言い方も、お客様の考えを評価することになり失礼な言い方です。
3．○ 「自分の考えの浅さ」を反省することで、お客様の考え方を讃えています。問題ありません。
4．○ 「勉強になります」という表現は、相手の考えを受け取る態度として謙虚であり、好感を与えやすいです。ただし、同じような言い方である「参考になります」は、相手に対して失礼な言い方なので、注意が必要です。

【問10】　2

(解説)

電話応対では、対話をする前に、「結論」や「落としどころ」を、あらかじめ考えません。したがって、正解は2．です。

お客様と話をして、その真剣勝負の中で、何を求められているか（ニーズやウォンツ）を、考えるのが重要です。

【問11】　4

(解説)

訪問先では、雑談で場を和ませてから、打ち合わせを始める場合があります。1．2．3．は、適切な話題です。

正解は4．です。訪問先の相手が、自分の好きなチームを応援しているとは限りません。打ち合わせ前の話題として、特定のスポーツチームの話は避けたほうが良いです。

【問12】　1

(解説)

紹介の基本ルールでは、身内や自社の者を先に紹介し、立てたい人を後に紹介します。設問の場合、まずはお客様（吉田常務）に自社の上司（中村部長）を紹介します。

1．正しい紹介の仕方です。言い方は、「こちらが私の上司、部長の中村でございます」とすると、さらに丁寧です。
2．役職の「部長」は敬称です。設問のような場合に、自社の者を言うときは、敬称はつけません。したがって、言葉遣いが不適切です。
3．先に、自社の上司である中村部長に得意先の吉田常務を紹介しています。したがって、不適切です。
4．先に、自社の上司である中村部長に得意先の吉田常務を紹介しています。したがって、不適切です。

【問13】 3

(解説)

「床の間」は、神聖な場所です。「床の間」の前が上座となり、取引先の方が座ります。自社の人が座る席は、襖がある出入口側です。よって、２．と４．は間違いです。

また、和室の席次は、「床の間」の位置を基準に、左上位で考えます。「床の間」から見て左側の席（Ｂ）が最上位の席で、取引先課長が座る席です。よって、１．は間違いです。

正しい席次は、Ａに取引先担当、Ｂに取引先課長、Ｃに自社担当、Ｄに自社課長です。したがって、正解は３．です。

【問14】 4

(解説)

１．適切です。餞別は、自分より目下の人に贈ります。
２．適切です。表書きは、「御礼」のほか、「御退職御祝」や「御祝」でも問題ありません。
３．適切です。連名は３人までとし、紙面に向かって右側から順に、上位者から氏名を書きます。
４．不適切です。餞別の包み紙には、のしを付けて、水引は赤白の蝶結びにします。

【問15】 1

（解説）

アサーティブな振舞いとは、自分も相手も尊重して、率直に誠実にコミュニケーションを取ろうとする姿勢です。

ア．メンバーとの関係悪化を心配して、言うべきことを伝えていません。アサーティブではなく受身的です。

イ．相手に対して、一方的に自分の怒りをぶつけています。アサーティブではなく攻撃的です。

ウ．後輩に自分の懸念を伝えた上で、対策を話し合っています。アサーティブです。

エ．相手に自分の状況を伝えて、できることと難しいことを率直に伝えています。アサーティブです。

したがって、適切なのはウ．とエ．なので、正解は1．です。

【問16】 1

（解説）

イ．は、「感情の反映」についての記述です。エ．は、「言い換え」についての記述です。

カウンセリング技法に関する記述として適切なのはア．とウ．なので、正解は1．です。

【問17】 2

（解説）

1．3．4．は、傾聴を説明している記述ですが、一部に問題があります。

1．「一言一句聞き漏らさないように、話した内容をすべて記録に取ることが肝要」という部分が誤りです。一言一句聞き漏らさないように、すべてを記録に取る必要はありません。

2．正しい記述です。英語では、「not knowing」と言います。その人、その話に無条件に関心を持ち、「教えてください」という態度で聴くこと

は傾聴の基礎です。
3．適切な質問技術は、傾聴においても必要です。しかし、事実関係を探求的に質問することは、傾聴と相反する方法です。
4．積極的に、否定的な発言を肯定的に言い換える必要はありません。

【問18】　3

（解説）

メディエーションでは、落としどころや、法的な結論に誘導したり、説得したりすることは避けます。よって、1．2．は誤りです。

メディエーションでは「論理的な説得作業」をしますが、場合によっては、「論理的な説得作業」が「強要」のようになります。人は「強要」されると反発することがあるので、「論理的な説得作業」は可能な限り避けます。よって、4．は誤りです。

3．は、当事者が、まだ十分に話せていない言い分や感情を聴くことで、解決案が広がるなど、話し合いの前進につながります。したがって、正しい記述です。

【問19】　4

（解説）

1．と2．は、「確証バイアス」と呼ばれる、認知バイアスの一種についての適切な記述です。

3．は、「バーナム効果」とも呼ばれる、認知バイアスの一種についての適切な記述です。

4．は、認知バイアスについての記述として、誤りです。人は、日々の生活や仕事の中で、物事をすばやく、効果的に判断する必要があります。そのためには、「バイアス」が必要です。よって、「バイアス」は、生きていく上で必要な能力とも言えます。4．の記述は、「常に」という部分が誤りです。「バイアス」の影響を受けていないかどうかについて考えるタイミングは、自分の判断に違和感を持ったときです。

【問20】　4

（解説）

１．２．３．は、「要配慮個人情報」についての正しい記述です。

正解は、４．です。

個人情報取扱事業者は、原則として、「要配慮個人情報」の取得を禁止されています。「要配慮個人情報」を取得するには、例外を除き、本人の事前の同意を得る必要があり、事後の同意によって追完することは認められません。

また、「要配慮個人情報」については、オプトアウトが禁止されています。

【オプトアウト】

事前に、本人に対して、個人データを第三者提供することについてを何らかの形で通知しておき、本人が明確な反対をしない限り、これに同意したものとして、本人の個人データを第三者に提供する行為のことを、オプトアウトといいます。

【要配慮個人情報】

要配慮個人情報とは、「不当な差別や偏見、その他の不利益が生じないように、その取扱いに配慮を要する個人情報」です。

記　述　問　題

【解答】（各2点　合計20点）

1.	①	用	正しくは、「用を成さない」です。「役に立たない」という意味です。
	②	衣	正しくは、「歯に衣着せぬ」です。「相手に構わず、思ったことをそのまま言う」という意味です。
2.	③	入	正しくは、「郷に入っては郷に従え」です。「住んでいる土地の慣習に従うのが良い」という意味です。
	④	眉	正しくは、「眉をひそめる」です。「心配や不快感で顔をしかめる」という意味です。
3.	⑤	足	正しくは、「長足の進歩（ちょうそくのしんぽ）」です。「速いスピードでの進歩」という意味です。
	⑥	九	正しくは、「九死に一生を得る」です。「九割がた失われそうだった命が奇跡的に助かる」という意味です。
4.	⑦	真	正しくは、「話を真に受ける」です。「話を本当のことだと受け取る」という意味です。
	⑧	発	正しくは、「怒り心頭に発する」です。「心の底から激しく怒る」という意味です。
5.	⑨	身	正しくは、「腹も身の内」です。「腹も自分の身体の一部なのだから暴飲暴食は慎むべきだ」という意味です。
	⑩	分	正しくは、「申し分がない」です。「非難すべき点がない、満点である」という意味です。

※【解答】のとおりに正しく書けていれば2点です。

※【解答】以外の解答は0点です。

※漢字の誤りは0点です。

※文字の書き間違いや漢字以外を書いたら0点です。

実 技 問 題

<状況設定>
会 社 名：ブランドリサイクル　もしもしや
応 対 者：ブランドリサイクル　もしもしや　買取担当
広瀬　かなめ（ひろせ　かなめ）社員
応対日時：10月6日（金）12：30
あなたは、ブランドリサイクルもしもしやの買取担当の広瀬社員です。ブランド品を売りたいというお客様にご来店いただくか、ご自宅まで伺い、その場で品物を査定して買い取る仕事をしています。先日、秋の買取キャンペーン情報を掲載したちらしを新聞折り込みで配布したため、問い合わせが増えています。ブランド品を売りたいというお客様から電話がかかってきますので、応対してください。査定予約をする場合は、電話番号とフルネームを確認することになっています。出張買取の場合は、住所も確認が必要です。

【ブランドリサイクルもしもしや】

所在地	東京都千代田区神田駿河台1-6-5
電話番号	0120-20-6660（買取担当　直通電話）
URL	https://www.jtua#.co.jp
メールアドレス	moshimoshiya@jtua#.co.jp
業務内容	ブランド品買取・販売
従業員数	25名
営業日	10：00～20：00(年中無休）ただし年末年始は休業。 査定受付は18：00まで。

<買取の詳細>

1．次の２つの方法がある。どちらの場合でも、事前に電話で査定日時の予約を取る。査定料は無料。

①店舗買取：来店していただき、買い取る方法。査定対象の品物は1点から受け付ける。

②出張買取：ご自宅を訪問して、買い取る方法。査定対象の品物が10点以上の場合は、出張買取をご案内する。

2．査定当日は、専門の係員が品物を見て査定し、金額を提示。売り手が納得した場合には成約となり、その場で代金を現金で支払う。納得できない場合には、査定は終了。

3．買い取りの際、売り手は、本人確認資料（運転免許証または健康保険証）を持参して、提示する必要がある。品物の保証書などの付属品がある場合、またキャンペーン期間中の上乗せクーポンなど、買取の条件が変わる書類についても、忘れずに持参・提示が必要。

【秋の買取キャンペーン掲載ちらしについて】

キャンペーン内容	<期間> 2023年10月から11月 <キャンペーン内容> ちらしについている「上乗せクーポン」をご提示いただくと、査定金額に10%を上乗せして買い取ります。
そのほかのちらし掲載情報	<買取品目> ブランドバッグ・ブランド腕時計・貴金属・宝石など <買取金額例> フランス製ショルダーバッグ　20万円 フランス製ボストンバッグ　15万円 スイス製腕時計　15万円 イタリア製ネックレス　10万円 <もしもしや店舗情報> 最寄り駅からの地図・営業時間・電話番号 <注意事項> 実際の買取金額は、お品物の状態によって異なります。お買い取りできない場合もございますので、あらかじめご了承ください。

<査定予約受付状況>

＊査定対象が1～3点までは30分、4～9点までは1時間で予約を取る。

＊10：00～18：00の時間帯で、正時からまたは、30分からの30分刻みで予約が可能。（例）10：00～10：30は○、10：15～10：45は×

＊査定対象が10点以上の場合は、出張買取とし、午前（10：00～14：00）・午後（14：00～18：00）のどちらかで、予約を取る。

日にち	予約可能時間
10月6日（金）	13：00～15：00
10月7日（土）	予約不可
10月8日（日）	12：00～13：30
10月9日（月・祝）	11：00～18：00
10月10日（火）	14：00～18：00
10月11日（水）	10：00～14：00、16：00～18：00
10月12日（木）以降	10：00～18：00

<査定評価基準>

＊4段階で評価する。

＊保証書がついているものは査定金額を5％アップする。上乗せクーポン利用の場合は、保証書分の金額アップ後の査定金額に、さらに上乗せになる。

＊盗難品や、ブランドの模倣品と判定された場合は、買取不可。

査定ランク	品物の状態	査定金額の目安
Sランク	未使用品（購入後使用していないもの）	Aランク金額×1.5
Aランク	傷や汚れがほとんどないもの	ちらしにはAランクの買取金額例を掲載
Bランク	傷や汚れがあるが、比較的きれいなもの	Aランク金額×0.6
Cランク	傷や汚れが多いもの、壊れているもの	Aランク金額×0.1

応対時間は3分以内（応対部分のみを測定）。

模擬応対者	応対者
	（着信音）
	①「・・・・・・・・・・・・・・・・・・」
②「・・・・・・・・・・・・・・・・・」	
	③「・・・・・・・・・・・・・・・・・・」
④「・・・・・・・・・・・・・・・・・」	
	⑤「・・・・・・・・・・・・・・・・・・」
⑥「・・・・・・・・・・・・・・・・・」	
	⑦「・・・・・・・・・・・・・・・・・・」
⑧「・・・・・・・・・・・・・・・・・」	
	⑨「・・・・・・・・・・・・・・・・・・」
⑩「・・・・・・・・・・・・・・・・・」	
	⑪「・・・・・・・・・・・・・・・・・・」
模擬応対者から電話を切ります。	
	（終了）

※模擬応対者はあらかじめ決められた状況に沿って応対しますが、その内容は応対者には開示されません。

※模擬応対者は状況設定内で、応対者に合わせて質問に答えたり相づちを打ったりします。したがって、応対者の質問によりスクリプトの番号は、増えても減っても構いません。

※模擬応対者は、応対者に合わせて原則自由に会話展開ができますが、時間オーバーとならないように配慮することとなっています。たとえば、模擬応対者の発言の中には確認のための復唱も含まれますが、模擬応対者は、簡潔に必要事項を復唱することとしています。

※受検者の言葉が聞き取れないときや応対者の質問に答えられないときに、模擬応対者から質問することがあります。

※想定にないことは自由に会話して構いませんが、加点にも減点にもなりません。

※文中の会社／団体名・人物氏名・住所・電話番号などはすべて架空のものです。

◆模擬応対者の方へ◆

実技問題を確認の上、下記の模擬応対者情報並びに発言例を基に応対してください。

また、問題に書かれている注意事項に沿って応対してください。

模擬応対者は、1名です。男女を特定していません。

【模擬応対者情報】

氏名	深沢　理央（ふかさわ　りお）
生年月日・年齢	1967年5月20日（56歳）
自宅住所	東京都千代田区東神田2-6-9-901
電話番号	090-7002-2551
プロフィール	長年会社員として働いている。一人暮らし。 有給休暇を利用して、海外旅行に行くのが趣味。

≪模擬応対者の状況≫

あなた（深沢　理央〔ふかさわ　りお〕）は、会社員です。

有給休暇を利用して、友人と海外旅行に行くのが趣味です。観光名所を回り、その土地ならではのおいしいものを食べるだけでなく、あこがれの店を訪ねて手に入れた品物を、長年大事にしてきました。30年前、初めてのフランス旅行で高級ブランドの本店に行き、ショルダーバッグを買ってしばらく愛用していましたが、少し傷がついてしまい、ここ10年ほどは、買ったときについていたフランス語の保証書と一緒に、クローゼットの奥にしまい込んでいます。

そんなとき、新聞の折り込みちらしで、「ブランドリサイクルもしもしや」のことを知りました。ちらしには、自分が買ったのと同じフランス製のショルダーバッグが、買取例として掲載されています。秋の買取キャンペーンで、買取金額の上乗せもあると書いてあります。

最近はなかなか使う機会もないし、このタイミングで手放すのもいいかもしれないと考え、もしもしやに電話をして、詳しい話を聞いてみることにし

ました。古くても思い入れのあるものなので、バッグの価値を理解して高い値段で買い取ってもらえるのか、気になっています。

■模擬応対者の発言例

- 第一声は、以下のとおりに言ってください。

②折り込みちらしを見たのですが、ちらしに載っているのと同じものだったら、だいたい同じ金額で買ってもらえるんですか

その後は、相手に合わせて、次のように答えてください。

- ちらしのどの品物のことか、お持ちの品物はどのようなものかと聞かれた場合。

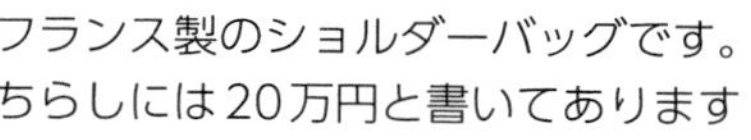

フランス製のショルダーバッグです。
ちらしには20万円と書いてあります

- ちらしに掲載されたものと同じブランド品かと聞かれた場合。

はい、そうです

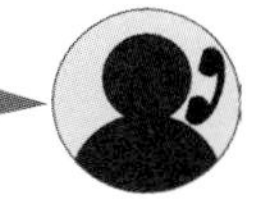

- ホームページを見たかと聞かれた場合。

見ていません

- 実際の買取金額は、品物の状態によって異なると言われた場合。

少し傷はありますが、大事に使っていましたから、中古品としてはきれいだと思いますよ

- 査定評価基準や査定ランクについての説明を受けた場合。

そうですか。きっと高く買ってもらえると思います

• ショルダーバッグのほかに査定したいものはあるかと聞かれた場合。

ありません

• 買取の詳細について説明を受けた場合。

わかりました

• 秋の買取キャンペーンの内容について説明を受けた場合。

わかりました

• 秋の買取キャンペーンのちらしについているクーポンはあるかと聞かれた場合。

はい、あります

• 保証書はあるかと聞かれた場合。

はい、あります。30年前にフランスの本店で買ったので、フランス語のものですが

• 保証書があると査定金額がアップすることの説明を受けた場合。

そうですか。わかりました

• 来店予約をすすめられた場合。

今週末の3連休なら、時間が取れます。できれば午前中がいいです

• 具体的な来店日時を提案された場合。

はい、それでお願いします

• 具体的な来店日時を複数案、提案された場合。

早いほうの時間でお願いします

• 予約のための名前と連絡先電話番号を聞かれた場合。

深沢　理央です。電話番号は090-7002-2551です

• 来店時の持ち物や注意点についての説明を受けた場合。

• ほかに確認したいことがあるか、聞かれた場合。

そのほか、相手の質問に合わせて適宜答えてください。

◎最後は相手の言葉に合わせて、模擬応対者から電話を切ります。

＜注意事項＞
＊発言はできるだけこのまま言ってください。
＊意味が変わらなければ言いやすい言葉に変えても構いませんが、余計な発言を追加したり応対者を誘導したりしないでください。
＊説明にわからない部分があった場合は、質問してください。
＊相手に合わせて適宜答えることの中に確認のための復唱も含まれますが、模擬応対者は、簡潔に必要事項のみ復唱してください。
＊受検者が言葉に詰まり、黙ってしまった場合は、一呼吸か二呼吸（5秒ほど）待って前の発言を繰り返してください。
＊受検者が誤った受け取り方をした場合、「違う」と言って前の発言を繰り返してください（模擬応対者が要約しないでください）。

受検番号　8ケタ	氏　　名

電話応対技能検定2級（2023年12月実施）

電話応対技能検定（もしもし検定）

2級　【第59回】

＊HBもしくはBの鉛筆・シャープペンシルで解答してください（ボールペン不可）。

＊机上に置けるものは、筆記用具、時計（他の機能のないもの）のみに限ります。その他のものは各自の足元に置いてください（携帯電話・電子辞書等の使用は禁止します）。

＊問題用紙と解答用紙に分かれています。

＊受検番号と受検者氏名は、問題用紙と解答用紙の両方に記入してください。

＊筆記試験は、基本問題が20問、記述問題が1問です。制限時間は60分です。
（試験開始30分を経過した後、退出することができますが、退出後の再入室はできません）。

＊問題用紙は、指示があるまで開かないでください。

＊解答は、基本問題はマークシート、記述問題は別紙解答用紙に記入してください。

＊試験終了後、問題用紙は回収しますのでお持ち帰りにならないでください。

＊実技試験につきましては、指示に従ってください。

基本問題についての説明

基本問題に関しては、概ね以下の3つの問題群に分けて出題しますので、解答の目安にしてください。各問のとなりに記載しています。

問題群１．電話応対を理解・実践するために、前提となる社会人としての能力や知識を問う問題群

問題群２．電話応対を理解・実践するために、直接必要となる知識等を問う問題群

問題群３．電話応対を状況に応じて考え、実践していくための能力を問う問題群

基 本 問 題

基本問題の問1～問20までは、すべて選択問題です。1～4の中から選び、別紙マークシートの解答用紙に記入してください。

問1 問題群1

敬語の表現は、いくつかバリエーションがあります。「どうぞ、ご期待ください」と同じ意味の別の言い方として、文法上、正しいものを1つ選びなさい。

1.「どうぞ、ご期待してください」
2.「どうぞ、ご期待していただきますよう」
3.「どうぞ、ご期待されてください」
4.「どうぞ、ご期待なさってください」

問2 問題群1

次の文は、話し言葉や書き言葉で表現するときに、間（ポーズ）や読点で区切らなかった場合、「だれが何をしたのか」について、複数の解釈ができる、日本語の悪文の例です。ただし選択肢の中で、あり得ないケースがあります。1つ選びなさい。

【例文】母がクリスマスケーキを作ろうと買っていたイチゴを前の晩に食べてしまった。

1. イチゴを買ったのも、食べたのも「母」
2. イチゴを買ったのは「母」、食べたのは「私」
3. イチゴを買ったのも、食べたのも「私」
4. イチゴを買ったのは「私」、食べたのは「母」

問3　問題群1

一般的に「きく」には3つのタイプがあるといわれます。表面的に音としてきく「聞く（Hear）」、集中して問題意識をもってきく「聴く（Listen）」、疑問点を問う「訊く（Ask）」の3タイプです。次の選択肢では、そのうちの「訊く」の心得を述べていますが、適切な考え方はどれですか。1つ選びなさい。

1．話を聞く（訊く）ときは、性急に質問を浴びせるべきではない。答えが返るまでの「間（ま）」や、質問する側の「間（ま）」にも意味がある場合が多いからである。
2．「新しいお住まいはどこ？」「住み心地は？」「どうして？」とたずねた場合、事柄（事実）、考え（意見）、気持ち（感情）の順で質問したと言える。
3．良い訊き方として一番大事なのは、相手がしゃべっている間は、聞き手は真剣に聴く顔の表情を大切にし、さらに黙って声を発しないことが肝要である。
4．話を深く訊いて真相に迫ろうとする場合、くどくならないようになるべく一回で深い答えが返ってくるような質問の仕方を考えるべきである。

問4　問題群1

次の選択肢の下線の言葉が、それぞれの文意にふさわしく使われているか、言葉の感覚を問います。適切な用い方の選択肢を1つ選びなさい。

1．「苦労した挙句の果てに商品の開発にこぎつけました」
2．「こういった成功事例は氷山の一角にすぎません」
3．「このネクタイをすると交渉がうまくいくジンクスがあるのです」
4．「プレゼンが社長の琴線に触れて、提案が採用されました」

問5　問題群1

メールに「見積書.docx」というファイルが添付されていました。ファイル名から予想できないものを、次の中から1つ選びなさい。

1．ファイルの中身が見積書である。
2．ワードプロセッサで生成されている。
3．パスワードが設定されている。
4．マイクロソフト「Word」で開ける。

問6　問題群1

オンライン会議において、参加者のオンライン会議への入室を管理者がコントロールできる機能はどれですか。次の中から1つ選びなさい。

1．参加者名の変更機能
2．待機室機能
3．暗号化機能
4．画面共有機能

問7　問題群1

ランサムウェアに感染する主な経路として、最も多いものはどれですか。次の中から1つ選びなさい。

1．ソーシャルメディアの投稿をクリックすることによる感染
2．Webブラウザのキャッシュをクリアすることによる感染
3．ソーシャルエンジニアリングによる感染
4．迷惑メールの添付ファイルを開くことによる感染

問8　問題群3

生成AIを利用したチャットサービスの利用を検討しています。最も配慮しなければいけない点はどれですか。次の中から1つ選びなさい。

1．インターネット接続の安定性と速度
2．システムダウンにつながるサーバーの過負荷
3．知的財産権やプライバシー、セキュリティなどへの配慮
4．利用者自身の業務に関する知識や経験

問９　問題群３

　多くの電話応対をスマートフォン（携帯電話）で行うようになり、従来の電話の応答方法に変化が見られます。スマートフォン（携帯電話）に着信した電話への対応について、適切なものを１つ選びなさい。

１．着信の鳴動が始まってから必ず約10秒以内に応答する。
２．応答ボタンを押した後、必ず左手でスマートフォン（携帯電話）を持ち、右手でメモを取る。
３．電話に応答できないときは、留守番電話機能を使う。
４．圏外にいるときにかかってきた電話は、折り返しの電話は不要である。

問10　問題群２

　電話で、自分の会社と相手の会社のことを言うときにどのように言いますか。以下の組み合わせでどちらにも問題がない言い方はどれですか。次の選択肢から１つ選びなさい。

１．当社 ― 貴社
２．うちの会社 ― お宅の会社
３．手前どもの会社 ― あなたの会社
４．私どもの会社 ― ○○（社名）様

問11　問題群1

パーティーに参加する際のドレスコード（服装規定）についての説明で、誤っているものを次の中から1つ選びなさい。

1．昼間のパーティーで、正礼装と招待状にあったら、男性はモーニングコート、女性はアフタヌーンドレスで出席する。
2．略礼装でダークスーツで、と言われたときは、黒のスーツで参加する。
3．ナショナルドレスで、とあったときは、色留袖で参加してよい。
4．ブラックタイとは、黒いネクタイのことではなく、タキシードに黒い蝶ネクタイのことである。

問12　問題群1

外資系企業が主催のビュッフェスタイルの立食パーティーに出席しました。マナーとして適切なものはどれですか。1つ選びなさい。

1．１つの皿にできるだけ料理を盛って食べた。
2．食べ終わった皿や飲みきったグラスは、サイドテーブルに置いておいた。
3．目上の方が同じテーブルにいるときは、その方たちのために料理を取って並べた。
4．座って料理を食べたいので、部屋の周囲に置かれている椅子に座った。

問13　問題群1

上司と食事をして会計をするとき、上司からご馳走すると言われました。一連の流れにおいて、不適切な行為はどれですか。1つ選びなさい。

1．「私も支払います」と断りの言葉を言った。
2．一度断っても上司がご馳走すると言ったので、お礼を言って好意を受けた。
3．いくらかかったか知りたいので、会計をしている傍で待機した。
4．お店の外に出て、改めてお礼を述べた。

問14　問題群1

取引先の担当者から以下のメールが届きました。このメールに返信するとき、下線部の文章で不適切な表現はいくつありますか。選択肢の中から1つ選びなさい。

【取引先担当者からのメール】
もしもし株式会社
営業部3課　鈴木太郎　様
いつもお世話になっております。ABC物産の田中です。
実は先日祖父が亡くなり、忌引休暇をとっておりました。
お返事が遅くなり申し訳ございません。
さて……　※以下省略

【返信メール】
ABC物産株式会社
業務部　田中花子　様
①ご返信ありがとうございます。
②もしもし株式会社　鈴木でございます。
③ご連絡した○○の件は急ぎませんので、どうぞご無理をなさらないでください。
④ご祖父様のご冥福を心よりお祈り申し上げます。
⑤お疲れが出ませんようにご自愛ください。
※以下省略

【選択肢】
1．3つ
2．2つ
3．1つ
4．なし

問15　問題群3

最近異動してきた上司のＡさんは、とても仕事熱心ですが、部下の仕事の進み具合を理解することなく、必要な情報をなかなか部下に提示してくれません。そのため、何をどのように進めるかに迷ったり、なぜこの仕事をするのか理解できなかったりと、メンバーが大変困っています。チームのリーダーとして、今の困っている状況を上司にアサーティブに伝えたいと思います。適切な対応はどれですか。次の中から1つ選びなさい。

1．「チームみんなが不安になっています。Ａさんは上司として、もっとちゃんと情報を伝えるべきではないでしょうか」と、ほかのメンバーがいる会議の場で発言する。
2．「Ａさんも大変ですよね。でも、現場の状況ももっと見ていただかないと……」と、なるべくＡさんの機嫌を損ねないように、遠慮しながら伝える。
3．「チームの情報共有ができずスケジュールが遅れることがあり、心配しています。一度、今後の方向性のすり合わせをさせていただけないでしょうか」と、面談の場で相談する。
4．「他部署では、情報の共有ができているみたいです。こんな状態なのは、うちの部署だけです。何とかしていただけないでしょうか」と、チャットで連絡を入れる。

問16　問題群3

カウンセリング技法を用いた電話応対に関する記述のうち、適切なものを次の中から1つ選びなさい。

1．相手が沈黙しているときは、まず相手が沈黙している理由をたずね、沈黙の時間をなくすようにする。
2．相手が怒っているときは、まず相手の話を傾聴して共感を示し、相手と冷静に話ができる関係性をつくるようにする。
3．相手が何度も同じことを話しているときは、余計な質問はせず、早めに話を終えるようにする。
4．相手がまとまりのない話を続けているときは、要約や伝え返しはせず、うなずきながら聴くことに徹するようにする。

問17　問題群3

「アンコンシャス･バイアス」については、電話応対をはじめ、多くのコミュニケーションシーンにおいて、十分に理解しておく必要があります。次の4つのうち、アンコンシャス･バイアスに直接関係しないものを1つ選びなさい。

1．偏った考え方、思い込み、偏見
2．効率化
3．無意識
4．客観的な根拠がない事柄

問18　問題群３

現場では、当面の問題解決型の話し合いが行われますが、メディエーションでは、より根本的な、ひと手間かけた紛争解決が行われます。その際に、メディエーションとして不適切な記述はどれですか。次の中から1つ選びなさい。

1．双方の自主的な解決を引き出すために、当事者に「どのようにして、○○をするのか」という問いを発する。
2．双方の責任分担を明らかにするために、当事者に「この問題について、責任を有するのはどちらか」という問いを発する。
3．双方のかかわりを明らかにするために、当事者に「この紛争を解決するために、お互いにどのような貢献ができるのか」という問いを発する。
4．双方の関係性を尊重するために、当事者に「これからも当事者間の関係性を維持するためにはどのようなことができるのか」という問いを発する。

問19　問題群３

交渉（ネゴシエーション）と調停（メディエーション）について述べた説明文の中で、誤っているものはどれですか。次の中から1つ選びなさい。

1．対立当事者のみでの交渉には、解決に限界がある。
2．交渉が暗礁に乗り上げれば、すぐに調停を試みるのが適当である。
3．調停は第三者がかかわるが、解決には限界がある。
4．メディエーターのかかわりには、様々な方法、度合があり、メディエーターが結論に影響を及ぼす型から、及ぼすことを避ける型もある。

問20　問題群1

個人情報取扱事業者についての説明のうち、誤っているものを次のうちから1つ選びなさい。

1．個人で事業を行っている人でも、個人情報データベース等を事業の用に供していれば、個人情報取扱事業者に当たる。
2．自治会は会員の個人情報をデータベース化して利用していれば、個人情報取扱事業者に当たる。
3．地方独立行政法人は、個人情報取扱事業者には当たらない。
4．NPO法人は非営利組織なので、個人情報取扱事業者には当たらない。

記述問題

以下の設問を読んで、別紙の解答用紙に解答を記入してください。

【設問】

ビジネス場面では、専門用語とまではいかなくても、会話や文書で頻繁に使われる決まり文句や慣用句が沢山あります。使いこなせるようになれば、社会人として信頼感もアップします。次の文章の中で□□の中に当てはまる適切な言葉を書きなさい。

ただし、すべてが漢字2字で、語頭の読みのヒントが［　］内に書いてあるので、それに合わせてください。

1．「専門知識を活かし、①□□ながら、がんばりたいと思います」［び］
「緊急役員会なので②□□お繰り合わせの上ご出席ください」［ば］

2．「先日は③□□のお心遣いをいただきありがとうございました」［か］
「このところ不手際が多いと、④□□を呈しました」［く］

3．「この業務は⑤□□をもって代え難く、引き続き担当してほしい」［よ］
「物価高で何でも切り詰めたいけど、給料分は⑥□□しないとね」［ね］

4．「いつもは気難しい人なのに、今回は二つ⑦□□で引き受けてくれた」［へ］
「うっかり集合時間を⑧□□してしまって、遅刻しそうになりました」［し］

5．「今回の不始末は、私どもの⑨□□のいたすところであります」［ふ］
「クラブ活動の冊子をお送りしましたので、ご⑩□□ください」［し］

記述問題解答用紙

1.	①	②
2.	③	④
3.	⑤	⑥
4.	⑦	⑧
5.	⑨	⑩

もしもし検定

第59回　解答と解説

基本問題

【問1】　4

（解説）

「お（ご）～する」という謙譲表現は、相手の行為を言うときに使うのは、間違いです。また、「お（ご）～ください」や「お（ご）～いただく」の「お（ご）～」は、名詞の形になるという文法があります。上記2つは、敬語を使う上で、注意が必要な点です。

1．と2．は、いずれも、「ご期待」に「して」を付けている点が間違いです。正しくは、「ご期待ください」「ご期待いただきますよう」と言います。「ください」の前に、動詞を付ける言い方（「お話ししてください」「お乗り換えしてください」「ご利用してください」など）は、文法上の間違いです。

3．の「ご期待されて」は、謙譲表現「お（ご）～する」（※1）に尊敬の助動詞「れる」を付けた言い方です。相手の行為（「期待」）に謙譲表現を使っている上に、謙譲表現と尊敬表現を併せて使っている（※2）ので、間違いです。

4．は、「お（ご）～なさる」という尊敬語のパターンを、正しく使っています。「お（ご）～なさる」は、「お（ご）～になる」と同様に敬意の高い言い方です。

（※1）「お（ご）～する」というパターンは、動詞（サ行変格活用）の活用語尾（「～する」の、「する」の部分）の変化も含みます。よって、「ご期待される」の「さ」は、「する」と同じ扱いとなります。

（※2）謙譲表現の後に、尊敬の助動詞「れる」を付けるのは、文法として矛盾しています。

【問２】　３

（解説）

日本語は、一般的に、「私」という主語を省略して表現します。そのため、主語を特定しないときは、ほとんどの場合、「私」の行為とみなされます。

しかし、設問では「母が」と主語が示されています。したがって、３．のように、主語が、どちらも「私」であるケースは考えられません。

１．の場合は、「母がクリスマスケーキを作ろうと買っていたイチゴを前の晩に食べてしまった」と、切れ目を感じないように表現すると良いです。

２．の場合は、「母がクリスマスケーキを作ろうと買っていたイチゴを＼前の晩に食べてしまった」と表現すると良いです。

４．の場合は、「母が＼クリスマスケーキを作ろうと買っていたイチゴを＼前の晩に食べてしまった」と表現すると良いです。

（※「＼」は、切れ目を感じさせる「間」やイントネーションの段差の位置を表しています）

設問にある【例文】のように、話し言葉で表現しても、書き言葉で表現しても、様々な意味にとれるような紛らわしい文章を伝える場合は、主語を省略せずに表現することで、意味を明確にできます。

【問3】　1

（解説）

1．○　適切な記述です。話す言葉や表情などに加えて、お互いに生じる「間（ま）」にも深い意味があります。ゆとりをもって、その「間（ま）」を大切にしながら応対します。

2．×　事柄（事実）、気持ち（感情）、考え（意見）の順で訊いています。人の話は、内容を大別すると、上記の３つになります。

3．×　話すときに「話す顔」、聴（訊）くときに「きく顔」を、相手に示すことは大事です。しかし、３．は、「黙って声を発しない」という点が誤りです。相手の話を聴くときは、黙るのではなく、タイミング良く相づちを打ったり、返事をしたりなど、「相手の話をしっかりと聴いている」というシグナルを送る必要があります。そのほか、相手の言葉を反復するのも有効です。また、わからない部分があったときは、素直に、言葉の意味を訊くこともあります。黙って静かに聴くだけでは、柔軟性に欠けます。

4．×　効率を考えると、質問の回数は少ないほど良いと考えられますが、相手が答える内容が抽象的であったり、あいまいな場合があります。そのときに、複数回の質問をすることによって、具体的で明確な内容へと掘り下げていくのは重要です。その際、相手の答えの中から、次の質問を考えるような掘り下げ方がよいとされます。

【問4】　4

（解説）

言葉には、その本来の意味や語源によって、「悪い意味」として使ったほうが良い場合と、「よい意味」として使ったほうが良い場合があります。

1．×　「挙句」や「挙句の果て」は、連歌や連句の最後の句のことで、「最後は」「とどのつまり」という意味です。一般的には、「紆余曲折の後さらに悪い結末になる場合」に使います。したがって、1．の文の場合、「苦労した挙句の果てに」の後に続く文が「商品の開発で大きな損失を被った」であれば、適切な使い方です。

2．×　「氷山の一角」とは、わずかな部分だけが水面の上に見える氷山にたとえて、「実態は、大部分は隠れているものである」という意味であり、「隠れているものがマイナスである場合」に使います。よって、2．の文の場合、「成功事例」ではなくて「失敗事例」であれば、適切な使い方です。

3．×　「ジンクス」は、最近では「決まってよいことが起きると思われる場合」でも使われていますが、本来、「縁起の悪い物事」という意味です。

4．○　「琴線」は「心の奥にある、感動を呼ぶ部分」のことです。したがって、4．の場合は、プラスの意味で使っているので適切です。似たような場合に使われて、「琴線に触れる」と反対の意味をもつ言葉は、「逆鱗に触れる」です。

【問5】　3

（解説）

一般に、ファイルの中身を表す言葉でファイル名をつけます。

ファイル名の後ろにつく拡張子（「.」の後の英文字）は、ファイルの種類を表します。「docx」は、ワードプロセッサである、マイクロソフト社のWordで生成され、閲覧や編集ができるファイルです。

ファイルのパスワード設定の有無は、ファイル名だけではわかりません。

【問6】　2

（解説）

オンライン会議では、出席者の確認が必要です。

第三者が会議に参加することがないように、会議参加時のパスワードを設定したり、「待機室機能」を有効にすることが大切です。

【問7】　4

（解説）

ランサムウェアとは、ファイルを暗号化もしくはロックし、身代金を要求するウイルスです。主な感染経路には、Webサイトからの感染、メールに記載されたリンクや添付ファイル、USBメモリなどが挙げられます。

1．ソーシャルメディアが正規のサイトであれば、感染する可能性は低いです。

2．Webブラウザのキャッシュは閲覧速度を向上させるものであり、感染経路とは関係がありません。

3．ソーシャルエンジニアリングとは、技術的な手口ではなく、人的な手口で機密情報を盗み出すことです。パスワードが記載された付箋を盗み見る、ゴミ箱に捨てられた書類を盗むといった行為はソーシャルエンジニアリングに該当します。よって、ランサムウェアに感染する経路とは関係ありません。

4．迷惑メールの添付ファイルを開くことで、感染するリスクが高くなります。ランサムウェアに感染する主な経路です。

【問8】 3

（解説）

生成AIを利用する上での重要な注意点は、プライバシーとセキュリティに関連する懸念事項です。

生成AIは人工知能（AI）によって、入力された会話から応答を生成します。そのため、入力された情報が人工知能（AI）に反映、学習され、別の利用者の応答に含まれる恐れがあります。特に、ユーザーが機密情報や個人情報を提供する場合には、注意が必要です。

生成AIを利用したチャットツールを活用する場合は、機密情報や個人情報を入力しないといったルールを決め、適切なセキュリティ対策が行われているかを確認するのが重要です。

【問9】 3

（解説）

多くの電話をスマートフォン（携帯電話）で行うようになり、電話の応答方法に変化が見られます。

1．固定電話では、「コール音3回（約10秒）以内の応答」といわれていました。しかし、スマートフォン（携帯電話）の場合は、必ずしもそうではありません。

2．固定電話と同様に、利き手と反対の手でスマートフォン（携帯電話）を持つのが一般的ですが、右利きとは限りません。また、マイク付きイヤホンを使うことでハンズフリーにもできます。

3．適切な記述です。

4．圏外にいるときに着信した電話は、留守番電話の録音や、SMSによる発信者番号通知を受けることができます。可能な範囲で折り返し電話をかけるとよいです。

【問10】　4

（解説）

1．「当社」は、問題ありません。「貴社」は、もともとは書き言葉です。話し言葉で使うのは避けます。

2．「うちの会社」と「お宅の会社」は、どちらも、あまり使わないほうが良い言葉です。「うち」という言い方は、くだけ過ぎています。また、二人称として使われる「お宅」を不快に感じる人は多いです。せめて「お宅様」と言えば、敬意は伝わりますが、使うのは避けます。

3．「手前ども」という言葉は、自分の側をへりくだる言葉であり、問題ありません。しかし、「あなたの会社」という言い方は、「お宅の会社」以上に相手の気分を害することがあるので、使うのは避けます。

4．「私どもの会社」も、相手の会社名に様をつけて呼ぶことも、問題ありません。

【問11】　2

（解説）

ダークスーツは、黒いスーツのことではなく、落ち着いた色の背広（スーツ）のことを指します。

日本では、黒いスーツは冠婚葬祭で使えるので便利です。しかし、本来、黒いスーツは、パーティーなどのお祝いの席には着用しません。

【問12】 2

（解説）

1．料理を１つの皿に大量に盛るのは、望ましくありません。たとえば前菜なら、冷菜と温菜は別々の皿を使うなど、料理によって皿を変えるのが適切です。メイン料理も同様に、それぞれの料理の味が混じらないように配慮して皿を使います。ビュッフェスタイルは好きな料理を自由に食べられるのも魅力ですが、基本は、「前菜→メイン→デザート」の順で食べるのがマナーです。好きな料理を皿に取ったら、食べる順番にも気をつけます。

2．適切な記述です。食べ終わった皿や飲み切ったグラスは、サイドテーブルに置いて、サービススタッフに下げてもらいます。

3．日本では、目上の方のために、皿に料理を盛りつけてサイドテーブルに置くこともあります。しかし、立食パーティーの場合は、自分の分の料理は自分で取るのが基本です。また、サイドテーブルは盛りつけた料理の置き場ではなく、あくまでも、皿やグラスを仮置きする場所です。したがって、不適切です。

4．不適切です。立食パーティーの会場にある椅子は、一時的に身体を休めたい人や、立食を続けるのに負担がある人などのために用意されています。座って料理を食べたい人のために用意されているのではありません。

【問13】 3

（解説）

上司などから「ご馳走する」と言われた場合は、一度は丁重に断るようにします。断っても、先方の気持ちが変わらないのであれば、好意を受けても構いません。ご馳走を受けるときは、お店の外に出るなど、会計時に傍にいないようにします。そして、改めてご馳走になったお礼を述べるとよいです。

【問14】　3

（解説）

設問のような場合、相手が返信してきたことに対する感謝の言葉は「ありがとうございます」という表現は避け、「大変なときにご返信いただき恐れ入ります」などの表現が適切です。

お悔やみの言葉は通夜や葬式で伝えるのが基本ですが、設問のケースのように、仕事のメールの中に訃報が書かれていた場合は、お悔やみの言葉を添えて返信します。

【問15】　3

（解説）

1．Ａさんへの理解をすることなく一方的な主張をしています。よって、攻撃的な対応です。

2．自分の要望を率直に伝えていないので、受身的な対応です。

3．状況と問題点を伝えて、今後何をしたいかという具体的な要望を明確に伝えているので、アサーティブな対応です。

4．ほかを引き合いに出し、自分の要望を伝えることなく、Ａさんに丸投げするような言い方で要望を伝えています。よって、攻撃的な対応です。

したがって、正解は３．です。

【問16】　2

（解説）

1．×　相手が、考えを整理したり、まとめることに時間を使っていたりなど、沈黙には意味があります。聴き手は、沈黙の時間を待つことも大切です。

2．○　適切な記述です。

3．×　相手が、何度も同じことを話しているときは、「それまでの話を要約して伝え返す」、「開かれた質問をする」などによって、話の背後にある本質に近づくようにアプローチします。

4．×　相手がまとまりのない話を続けているときは、「要約」や「伝え返し」を行い、「聴き手の私はここまで聴きました、こう理解しました」ということを相手に伝えるのが大事です。

【問17】　2

（解説）

アンコンシャス·バイアスとは、「無意識の偏見、思い込み、偏った考え方」と訳されます。人は、自分が抱いた「偏りのある考え」が、たとえ客観的な根拠がない事柄でも、それをもとに発言したり、情報発信したり、行動するときがあります。そして、その発言や行動が、相手を傷つける場合もあります。

したがって、正解は2．です。

【問18】　2

（解説）

メディエーションでは、当事者双方の貢献や双方の関係性を尊重しながら、自主的な紛争解決を目指します。

1．3．4．は、正しい記述です。

2．の記述は不適切です。当事者の責任分担は、紛争の根幹にかかわりますが、メディエーターが、責任を追及するような発言は避けます。

【問19】　2

（解説）

２．の記述が誤りです。したがって、正解は２．です。

「交渉」は、一度行って成功しないからといってあきらめるのではなく、粘り強く行うことが肝要です。安易に第三者のかかわりを認めると、逆効果になる場合もあります。

１．は正しい記述です。「交渉」をする当事者が合理的であり、他者との関係の中で自分が得る利益を最大化するために、常に理性的な判断ができるのであれば、すべての紛争は、「交渉」によって解決できるかもしれません。しかし、「交渉」の当事者から、完全にバイアスを取り除くことは、不可能に近いです。よって、対立している当事者のみで行う「交渉」による解決には、限界があります。

３．は正しい記述です。古い時代から、人間の紛争には、第三者が関与して解決するという手段がとられてきました。しかし、限界もあります。

４．は正しい記述です。第三者が当事者に関与するにしても、その仕方には、様々な方法、度合があります。評価型、妥協要請型など、それぞれの方法に一長一短があります。

【問20】　4

（解説）

NPO法人も、個人情報データベース等を事業に利用していれば、個人情報取扱事業者となります。営利·非営利、法人格の有無は問いません。

ただし、国の機関、地方公共団体、独立行政法人、地方行政法人は、個人情報取扱事業者には当たりません。

記 述 問 題

【解答】（各2点　合計20点）

1.	①	微力	「微力ながら」は、「ささやかながら……」と、自分の力量を謙遜して言う言葉です。
	②	万障	「万障お繰り合わせの上」は、「数多くある差し障りをやりくり（調整）して」という意味の言葉です。
2.	③	過分（または「格別」※「過大」、「感激」、「数々」は誤り）	「過分」は、「分不相応な」、「身に余る」という意味の言葉です。 「格別」は、「特別な」という意味の言葉です。
	④	苦言（「苦情」は誤り）	「苦言を呈する」は、慣用句です。「苦言」は、相手をいさめる言葉です。
3.	⑤	余人	「余人」は、「ほかの人」、「他人」という意味です。「余人をもって代え難い」は慣用句です。
	⑥	捻出	「捻出」は、ひねり出すことです。
4.	⑦	返事	「二つ返事」は、「気持ちよくすぐに引き受ける」という意味です。
	⑧	失念	「失念」は、うっかり忘れることです。
5.	⑨	不徳	「不徳」は、「道徳的でないこと」、「道徳に背くこと」という意味です。
	⑩	笑覧（「紹介」は誤り）	「ご笑覧ください」は、「つまらない物ですが笑ってご覧ください」と、謙遜して言う文句です。

※【解答】のとおりに正しく書けていれば2点です。

※【解答】以外の解答は0点です。

※漢字の誤りは0点です。

※漢字で書いていない場合は0点です。

実技問題

＜状況設定＞
会 社 名：学習塾　もしもし学院
応 対 者：学習塾　もしもし学院　受付担当
　　　　　杉田　望（すぎた　のぞみ）社員
応対日時：12月6日（水）13：20

あなたは、学習塾もしもし学院の受付担当の杉田社員です。もしもし学院は小学4～6年生が通う学習塾で、子どもの学力や進路に応じたクラスが選べます。小規模塾の良さを活かすための担任制度があり、担任の講師が、保護者と子ども両方の悩みや希望を聞いて指導するしくみが好評です。
ホームページに様々な情報を掲載しており、興味や質問がある場合は、ホームページに掲載されている問合せ･申込みフォームか、電話で問い合わせるようになっています。子どもを塾に通わせようかと考えている保護者から電話がかかってきますので、応対してください。

【学習塾もしもし学院】

所在地	神奈川県横浜市中区山下町199
電話番号	0120-20-6660
URL	https://www.jtua#.co.jp
メールアドレス	moshimoshi_gakuin@jtua#.co.jp
業務内容	小学生対象の学習塾
従業員数	20名（講師含む）
営業日	12：00 ～ 20：00（日曜・祝日休み）

＜入塾までの流れ＞

1．「入塾説明会（保護者向け）」と「学力テスト（子ども向け）」を毎週土曜日の14：00から行っているので、都合のいい日にちを予約し、当日親子で来塾して参加する。保護者が説明会に参加している間、子どもがテストを受ける。参加費用は無料。保護者のみ、子どものみの参加はできない。

2．翌週水曜日以降、学力テストの結果が出る。塾から電話連絡があるので、再度親子で予約をして来塾。当日は担任講師から答案用紙が返却され、成績の説明と受講クラスのアドバイスを受ける。

3．担任講師からすすめられたクラスの授業を受けてみたい場合は、「体験授業」として、各教科（国語・算数・英語）１回ずつ無料で受けることができる。

4．体験授業後に担任講師と面談して、入塾希望であれば、具体的な手続きを行う。

【入塾説明会と学力テストのスケジュール】

日にち	空き状況
12月9日（土）・12月16日（土）・12月23日（土） いずれも14：00～15：00	すべて空きあり

• 予約は当日 12：00 まで受け付ける。

＜クラスについて＞

• 学力テストの結果と希望する進路を考慮して、担任講師のアドバイスに基づき決定する。
• 毎月最終授業の日は、実力テストを実施する。
• 学年途中でクラス変更を希望する場合や、塾側から変更の提案がある場合は、担任講師と三者面談をして決める。
• 学年が上がるタイミングでどのクラスにするかは、担任講師と三者面談をして決める。

学年	クラス名	学習内容	スケジュール・月謝
4年生	中学進学クラス	公立中学への進学に向けた学習	週2日 6,600円（税込）
	中学受験クラス	中学受験に向けた学習	週3日 9,900円（税込）
5年生	公立中 進学クラス	公立中学への進学に向けた学習	週2日 8,800円（税込）
	私立中 受験クラス	私立中学受験に向けた学習	週3日 13,200円（税込）
	県立中高一貫校 受験クラス	県立中高一貫校の受験に向けた学習	週3日 13,200円（税込）
6年生	公立中 進学クラス	公立中学への進学に向けた学習	週3日 13,200円（税込）
	私立中 難関受験クラス	私立中学の難関校合格を目指す学習	週4日 22,000円（税込）
	私立中 受験クラス	私立中学の合格を目指す学習	週4日 22,000円（税込）
	県立中高一貫校 受験クラス	県立中高一貫校の合格を目指す学習	週4日 22,000円（税込）

• 月謝以外に、入塾金11,000円（税込）が必要。

＜ホームページ掲載情報抜粋＞

小学4年生・5年生対象 新年スタートダッシュ キャンペーン	学ぶ楽しさを教えるもしもし学院で、もっと勉強が好きになる。君の「知りたい」「なぜ？」に答える授業は、新年1月5日（金）からスタート！ ＜キャンペーン内容＞ 12月中に入塾手続きをすると、12月の授業はすべて無料で受けられます。さらに入塾金11,000円も無料になります。

もしもし学院の特長	①ご家庭に担任講師がつき、トータルサポートをします。家庭学習についてのアドバイスや受験相談、保護者のお悩み相談も承ります。 ②テストの成績のみでクラス分けをせず、三者面談をしながら、最適なクラスで学べます。 ③子どもの興味を引き出す、参加型の授業をプロ講師が担当します。子どもたちが互いに学び、わかることの楽しさを知り、がんばれる環境を提供します。
保護者の声・ 卒業生の声	＜保護者の方より＞ 先生方は、子どもの性格をよく理解し、親身にサポートしてくださいました。親の悩みにも真摯に耳を傾けて寄り添ってくださいました。 ＜卒業生より＞ 塾で友達ができて通うのが楽しくなり、勉強に前向きになれました。受験直前もクラス全員でがんばりました。志望校に合格できたのは、先生、クラスメイトみんなのおかげです。

応対時間は3分以内（応対部分のみを測定）。

模　擬　応　対　者	応　対　者
	（着信音）
	①「・・・・・・・・・・・・・・・・・」
②「・・・・・・・・・・・・・・・・・」	
	③「・・・・・・・・・・・・・・・・・」
④「・・・・・・・・・・・・・・・・・」	
	⑤「・・・・・・・・・・・・・・・・・」
⑥「・・・・・・・・・・・・・・・・・」	
	⑦「・・・・・・・・・・・・・・・・・」
⑧「・・・・・・・・・・・・・・・・・」	
	⑨「・・・・・・・・・・・・・・・・・」
⑩「・・・・・・・・・・・・・・・・・」	
	⑪「・・・・・・・・・・・・・・・・・」
模擬応対者から電話を切ります。	
	（終了）

※模擬応対者はあらかじめ決められた状況に沿って応対しますが、その内容は応対者には開示されません。

※模擬応対者は状況設定内で、応対者に合わせて質問に答えたり相づちを打ったりします。したがって、応対者の質問によりスクリプトの番号は、増えても減っても構いません。

※模擬応対者は、応対者に合わせて原則自由に会話展開ができますが、時間オーバーとならないように配慮することとなっています。たとえば、模擬応対者の発言の中には確認のための復唱も含まれますが、模擬応対者は、簡潔に必要事項を復唱することとしています。

※受検者の言葉が聞き取れないときや応対者の質問に答えられないときに、模擬応対者から質問することがあります。

※想定にないことは自由に会話して構いませんが、加点にも減点にもなりません。

※文中の会社／団体名·人物氏名·住所·電話番号などはすべて架空のものです。

◆模擬応対者の方へ◆

実技問題を確認の上、下記の模擬応対者情報並びに発言例を基に応対してください。

また、問題に書かれている注意事項に沿って応対してください。

模擬応対者は、1名です。男女を特定していません。

【模擬応対者情報】

氏名	柳沢　律（やなぎさわ　りつ）
生年月日･年齢	1978年10月5日（45歳）
住所	神奈川県横浜市中区大橋2-6-9-901
電話番号	090-7002-2551
メールアドレス	yanagisawa_ritz@#mail.com
プロフィール	小学4年生の息子がいる。塾に通わせたほうがいいのか悩んでいるが、息子本人がどうしたいのかは、まだ確認していない。

≪模擬応対者の状況≫

あなた（柳沢　律〔やなぎさわ　りつ〕）は、小学4年生の息子の親です。子どもの勉強や進学について悩んでいます。地元の公立小学校に通い、現在の成績は中くらいなのですが、家では学校の宿題をやるくらいで、特別な勉強はしていません。最近は家でオンラインゲームに夢中になっているので、5年生に進級して、このままで勉強についていけるのか心配です。勉強する習慣をつけさせるためにも、塾に通わせたほうがいいのではないかと思っています。

また、地元の公立中学校に進学せず、私立中学校や、県立の中高一貫校を受験して進学する子どももいるようです。塾に入れば、そういった情報を教えてもらいやすいし、親子で今後の進路を考えるのにも役立つのではないかと考えています。

　ホームページを見ても、いろいろな塾の情報がたくさん出てきてよくわかりません。そこで、ホームページに掲載されている地図を確認し、自宅から通いやすそうな場所にあるもしもし学院に電話をして、詳しい話を聞いてみることにしました。自分から勉強するタイプではない息子でも、通いたいと思えるかどうかが、気になっています。

■模擬応対者の発言例

- 第一声は、以下のとおりに言ってください。

②ちょっとお聞きしたいのですが、中学受験をすると決めていなくても、もしもし学院に子どもを通わせることはできますか

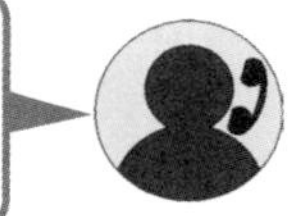

　その後は、相手に合わせて、次のように答えてください。

- 「中学受験をすると決めていなくても、もしもし学院に入ることができる」と言われた場合。

そうですか、わかりました

- もしもし学院のクラスについて説明された場合。

そうですか、わかりました

- 「小学生の保護者か」「子どもの学年（年齢）は」と聞かれた場合。

はい、小学４年生で10歳の子どもがいます

- ホームページを見たかと聞かれた場合。

はい。見たのですが、情報が多くて、よくわかりませんでした

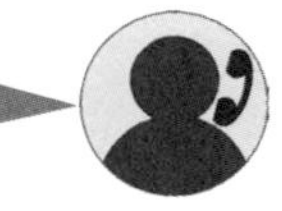

- もしもし学院に電話をかけた理由を聞かれた場合。

自宅から通いやすそうな場所にあるので、いいかなと思って電話しました

- 子どもの学校や家庭での生活の様子について聞かれた場合。

家では学校の宿題をやるくらいで、特別な勉強はしていません。学校の成績は中くらいです

- ほかの塾や習い事に通っているかを確認された場合。

いいえ

- 子どものことで悩んでいることや気になることはあるか、と聞かれた場合。

家ではオンラインゲームに夢中になっているので、このままで勉強についていけるのか、心配なんです

- 子どもにこうなってほしいという希望はあるか、と聞かれた場合。

自分から勉強するタイプではないので、勉強する習慣をつけさせたいんです

- もしもし学院の特長について説明を受けた場合。

わかりました

- 入塾説明会·学力テストについて説明を受けた場合。

保護者だけ説明会に参加することはできますか

- 保護者だけの参加はできないと言われた場合。

わかりました。子どもと話をして、日にちを決めたらご連絡します

- 名前を聞かれた場合。

柳沢です

・フルネームを教えてほしいと言われた場合。

今度、説明会を予約するときに言います

・連絡先を聞かれた場合。

・キャンペーン内容について説明された場合。

・ほかに確認したいことがあるか、聞かれた場合。

そのほか、相手の質問に合わせて適宜答えてください。

◎最後は相手の言葉に合わせて、模擬応対者から電話を切ります。

＜注意事項＞
＊発言はできるだけこのまま言ってください。
＊意味が変わらなければ言いやすい言葉に変えても構いませんが、余計な発言を追加したり応対者を誘導したりしないでください。
＊説明にわからない部分があった場合は、質問してください。
＊相手に合わせて適宜答えることの中に確認のための復唱も含まれますが、模擬応対者は、簡潔に必要事項のみ復唱してください。
＊受検者が言葉に詰まり、黙ってしまった場合は、一呼吸か二呼吸（5秒ほど）待って前の発言を繰り返してください。
＊受検者が誤った受け取り方をした場合、「違う」と言って前の発言を繰り返してください（模擬応対者が要約しないでください）。

索引

欧文

あ

か

さ

た

な

は

ま

や

ら

■ 編者紹介

公益財団法人　日本電信電話ユーザ協会

電話応対技能検定（もしもし検定）の実施団体。1976年（昭和51年）、電気通信利用の実態調査、サービスの評価、普及、相談受付、教育を目的として設立。ICT（情報通信技術）の利活用推進、電話応対教育を大きな柱として、各種研修・講習やコンテスト、コンクールの開催、最新情報の提供などを行う。

https://www.jtua.or.jp/

電話応対技能検定（もしもし検定）1・2級公式問題集
2024年版

2024年6月5日　1刷

編　者　公益財団法人 日本電信電話ユーザ協会

発行者　中川 ヒロミ
発　行　株式会社日経BP
日本経済新聞出版
発　売　株式会社日経BPマーケティング
〒105-8308　東京都港区虎ノ門4-3-12
装　丁　此林 ミサ
DTP　シーエーシー
編集・校正　江口ひかる
印刷・製本　三松堂
ISBN978-4-296-11936-3

正誤に関するお問い合わせは、弊社ウェブサイト［https://bookplus.nikkei.com/catalog/］で本書名を入力・検索いただき、正誤情報を確認の上、ご連絡は下記にて承ります。
https://nkbp.jp/booksQA
※本書についてのお問い合わせは、2025年5月末までとさせていただきます。

Printed in Japan